祈りの民俗誌

祈りの民俗誌

佐藤健一郎
田村善次郎
［著］

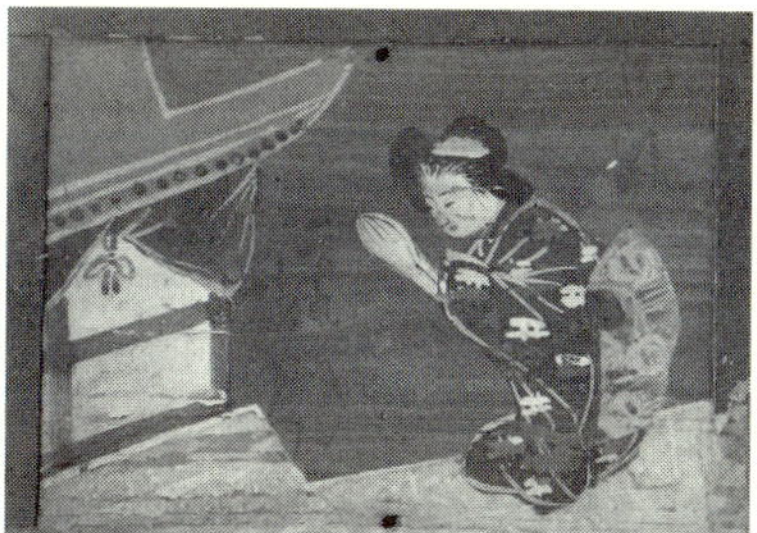

八坂書房

祈りの民俗誌　目　次

神社

―祈りの装置

日本人はカミをまつり、ことあるごとにカミに願いをかけ、平安を祈ってきた。それは私たちが、経験的な技術や、合理的な知識だけでは処理できない世界のあることを認識していたからである。私たちは、人間の力ではどうすることも出来ない部分を司る、超自然的な力を持った存在をカミという言葉で総称し、そのカミに災厄から免れることを願い、豊かな実りや、平穏で幸せな暮らしを祈り続けてきたのである。

日本人は、この宇宙に無数ともいってよいほど、たくさんのカミが存在すると考えている。一口に八百万《やおよろず》の神々という。その多くのカミが、生活のあらゆる局面に関わりをもっている。私たちはそれらのカミをまつり、祈願する様々な方法や装置をつくり出した。その方法や装置は、時代によって変化しながらも、本質的な部分はほとんどかわらず、いまも続いてきているのである。

神社は、神を祀り、神に祈願するための装置として、日本人がつくりあげたものの中でも、最も主要なものの一つである。一般にヤシロ（社）・オミヤ（宮）などとよばれることが多い。ホコラ（祠）もカミを祀るものであるが、規模の小さい建物だけを呼ぶことが多く、神社とは区別されている。私たちが普通に神社として意識しているものは、鎮守、氏神、産土《うぶすな》などという呼称が一般的である。鎮守、氏神、産土は歴史的には、それぞれが異なった意味、内容をもっているのであるが、現在では一定地域、あるいは集落の守護神として祀られている神社を意味する同義の言葉として用いられるようになっている。

広辞苑の神社の項には「神道の神を祀るところ、一般には神殿と付属の施設からなる」とあり、日本国語大辞典には「日本人固有の信仰対象となった神をまつり、法的に存立を認められた礼拝施設。昭和四十七年（一九七二）末現在で神社本庁所属のもの、約八万社。」と記されている。施設としての神社の解説としてはこれで充分であろうが、施設としての神社を、日常的に機能させ、維持していくという側面からみると、これに人が加わる。神社と関わる主なる人は、神職と氏子である、大きな神社になると氏子の他に崇敬者も加わる。崇敬者はその神社を特に崇敬（信仰）する人で、地域を問わないが、氏子はその神社の領域に居住する人びとの集団である。神職は日常的に神社（神）に奉仕すると同時に、祭祀者として氏子や崇敬者の祈願を仲介する役割を果たす職業者と考えてよいだろう。神社はこれらの人びとによってまつられ、維持されて来ているのである。

一般に装置、あるいは施設としての神社は、広い境内地を持ち、日常の生活領域とは区別されている。その入口には鳥居が建てられている。その鳥居をくぐって入り、参道を進むと最も奥まった所に神殿（正殿・本殿ともいう）があり、その前に幣殿・拝殿が設けられている。その形式は必ずしも決まってはいないが、大きな神社になれば、本殿、拝殿の他に、神をまつり、祈願をする場に相応しい様々な設備や施設が設けられている。

武蔵府中の大國魂神社を例にして、境内にある施設の類をあげてみると、次のようなものがある。先ず境内に入って石の大鳥居、境内社の稲荷神社、宮乃咩《みやのめ》神社、相撲場、忠魂碑、日露戦役記念碑、東鳥居、西鳥居、随神門、宝物殿、碑、鼓楼、手水舎、神楽殿、参集殿、社務所、御供所、大鷲神社、住吉神社、東照

大國魂神社（①大鳥居 ②宮之咩神社 ③住吉神社・大鷲神社
④東照宮 ⑤松尾神社 ⑥巽神社 ⑦拝殿 ⑧本殿）

宮、松尾神社、巽神社、中雀門、回廊、拝殿、お白州、本殿である。本殿とお白州は板垣で仕切られており、一般には入ることが出来ないようになっている。現在は境内に市立の図書館や郷土館、駐車場がかなりの面積を占めているが、かつてはこの広い境内の大半が鬱蒼とした森であり、半ば野生化した鶏がたくさん棲んでいたという。

一般に神社は森・杜によって象徴されるといってよいほどで、どの神社も境内には木が繁っており、その木は伐ってはならないとされていたから、その土地を代表する大木、古木があった。その中でも特に大きい木は神木として崇められていた。大國魂神社にも本殿の後に銀杏の大木があり、神木になっている。明治神宮を造営した時、全国から苗木が寄付され、境内が作られたというのは極めて象徴的な事である。神社は森が無ければならない、あるいは杜でなければならない、という意識を皆が持っていたのである。そのことは神社、ひいてはカミの性格を考える重要な手掛かりになることのように思われる。

現在の私たちは、神社は神の常にいます聖域だと考えている。だから、前を通り過ぎる時でも、鳥居の前で立ち止まり、頭を下げて行く人は少なくないし、そこに入っ

大國魂神社の銀杏の木

ていく時には、多少なりともあらたまった気持ちになるのである。お参りをする場合は、境内に設けられた御手洗《みたらし》で手を洗い、口を濯いで拝殿に向かう。そしてお賽銭を上げ、鈴を鳴らし、拍手を打ち、頭を下げる。二礼・二拍手・一礼が参拝の作法だと、神社で配付する栞などには記されているが、そのことは知らなくとも、拍手をし、拝礼をすることは常識として、誰でもが心得ていることである。

本殿は普通には閉じられている。祭りの時には扉が開かれるが、扉の内側には御簾などが下げられていて、中を見ることは出来ない。カミは見えないものであり、見ることの出来ないものなのである。奉仕をすることが出来るのは、特定の人・神官だけである。私たちは、漠然と神殿は神の居場所だと思っているのだが、そこに祀られているのは、実体としての神そのものではなく、ご神体であることも知っている。ご神体のことを御霊代《みたましろ》と神道では呼んでいる。御霊代として本殿に祀られているのは、鏡・剣・玉・弓・矢・御幣・神像・仏像・自然石など多様なものがある。この御霊代にカミは宿り給うていると考えているのである。

ほとんどの神社には神殿の設けがあり、ご神体が納められているのだが、中には拝殿だけで、神殿のない神社もある。その最も有名なのは奈良県の三輪山の麓に鎮座している大神《おおみわ》神社である。大神神社のご神体は三輪山だとされている。三輪山はカミの籠もる山であり、大神神社にお参りする人びとは、三輪山に籠もり給うカミを拝むのである。三輪山のような山を神体山とよんでいる。現在では少なくなってしまったが、古くは神殿を持たない神社がたくさんあったと思われる。石上《いそのかみ》神社もかつては神殿がなかったという。山梨県や静岡県に多い浅間神社は本殿の設けはあるが、いずれも富士山の見える場所に祀られている。これは富士山を神体山とする神社だからである。こういう例は他にも多い。村の氏神も集落の中に祀られている場合は少なくて、集落の外れの山の麓にあるものが多い。神体山とはいわなくても、山はカミの籠もり給う場であるという意識は一般に強いのである。

大神神社は古い神社の様式を残すものだと考えられている。現在の私たちが、常にカミのいる場だと思っている神社はかつては、カミを迎えて、祭りを行なう場であった。

奈良春日大社の若宮の御祭《おんまつり》は、毎年十二月十六日から十八日にかけて行なわれ、様々な芸能が奉納されることで知られているが、この祭は、春日大社の二の鳥居わきにある御旅所で行なわれるところに特色がある。毎年十二月に入ると、御旅所に仮殿（行宮）が建てられる。柱は皮つきの丸太、屋根は松葉で葺いた、妻入り形式の仮殿である。この仮殿に、十六日の深夜、若宮の本殿からご神体が移され祭が行なわれる。松明の行列を先頭に、ご神体を奉持した神官を、常緑樹である榊の枝を手にした人びとが十重二十重に取り巻いて仮殿まで走ってくる。その様はあたかも森が移動するようであるという。それから一昼夜、この仮殿に神饌が供えられ、さまざまな芸能が奉納される。そして十七日の深夜にカミは本殿に還り、仮殿はすぐにこわされる。

御祭に迎えられるカミは若宮の本殿から移されるものであるが、本殿の背後にある春日山からカミを行宮に迎えて祭りを行なうのだと考えても差し支えのないものである。そのことは、京都の上賀茂神社で五月十五日を中心に行なわれる葵祭の始めに行なわれる御阿礼《みあれ》祭の神事を見るとより一層はっきりわかる。御阿礼祭は五月十二日の深夜に行なわれる、上賀茂神社の本殿背後の森に設けられた御阿礼所に、白砂が撒かれ、その中央に神山から迎えてきた御阿礼木と呼ぶ常緑樹を立て、神官がそれを支えているのだが、暫くするとその木が震え出すのだという。神が降臨したのである。神山は上賀茂神社の神体山である。葵祭を行なうにあたって、神体山である神山からカミを迎えて来るのである。

御祭と御阿礼祭の二つを合わせてみると、本殿を持たない大神神社が神社の古い形式を止めていると言われることの意味がよくわかる。

日本人が認識したカミは、森羅万象、すべてのものに宿っているものであり、また宿ることのできるものであるが、具体的な姿を見ることのできないものである。と同時に、日常的には人の世界には住んでいないものだと考えていた。人の世界とは異なったカミの世界があり、祭りの時に訪れ、祭りが終わるとまた帰っていくものだと意識されていた。そのことは神祭りや年中行事の様々な儀礼を通じて読み取ることができる。

盆には、門口で迎え火を焚き、お盆さまを迎える。あるいは提灯や線香に火をつけて村の辻まで出迎え、背に負うて帰り、盆棚に招じる。盆に訪れる精霊《カミ》は火や煙に導かれて、空の彼方からやって来ると考えられているのである。盆が終わるとお土産を持ってお帰り願う。送り火を焚いたり、精霊流しをするのは、盆に訪れた精霊《カミ》を送る儀式なのである。正月には門松を立てる。町場では暮れの市などで松を買ってくるが、農村ではこの松を山から伐ってくる、それを門松迎えというところは多いし、正月さま迎えというところもある。門松はたんに正月の飾りと考えられているわけではない、正月に訪れる年神のご神体という意識がある。だから門松に藁で作ったゴキ（御器）を吊るし、雑煮などの御馳走を供えたりするのである。門松のようなものはご神体・御霊代とはいわず、一般にヨリシロ（依代）といっているのだが、カミが宿る・依りつくという点では大きな違いはない。私たちは目に見ることの出来ないカミを、このような形に実体化することによって、意識し伝承してきたといってよいだろう。

私たちは、カミの世界は遠い、山の彼方や海の彼方にあると考えている。カミはそこからやって来るのだが、直接、人の世界である里に到着するのではなく、途中にある海や山を経て来ると考えているようだ、だから門松を山に迎えに行く。盆には盆花を採りに行く。田植え前に行なう水口祭りのツツジなども山から採ってくる。いずれもカミの依代なのである。海もまた私たちの観念では山と同じ性格を持つ場であった。私たちは山の彼方に空・天を見ているのであるが、海の彼方、水平線の向こうもまた空・天に通じているのである。私たちはカミは空、つまり天にいるものであり、そこから降臨してくるものという意識も強く持っている。

嫁入りの時、花嫁は真っ直ぐに婿の家に向かうのではなく、途中の然るべき家で休み、化粧を直してから式の場に臨むという地方が少なくない。この家を中宿などという。はるかな彼方の世界からやって来るカミにも、花嫁の中宿にあたるものが必要だと考えたのであろう。それが山である。降臨するカミは、先ず山に到り、更に祭りの場に迎えられるのである。それが正月や盆などの年中行事に見られる、カミ降臨の図式ではないだろうか。

山は人の世界・里に隣接しているけれども、里ではない。多分にカミの世界に近いものと意識されている不思議の場でもある。山はカミの降臨するところであるが、それだけではなく、カミの留まり給うところでもあるという思いもある。神体山という呼び方には、カミの住処という意識がかなり強い。

カミは身近な所に常にいる、またはいてほしいという気持ちが私たちの意識のどこかにはあるようだ。その思いが、神社を今日のような、本殿を持ち、拝殿を備えたものに完成させていく原動力となっているのではないかと思われる。神社が神の常在するヤシロとしての結構をもち、本殿にはご神体が常に鎮座しているということになれば、常にカミはその場にいますものという気持ちはより強くなるはずである。しかし、その神社に入っていくとき、私たちは、その中に去来するカミの標識となるものが満ち満ちていることに気付かされるのである。思いつくままに数えあげても、依代、あるいは依代に近いと考えられるものに鳥居、灯篭、榊、ご神木、幟、旗、御幣、注連縄、垂（四手）、神馬などがあり、カミを招く大事な道具として鈴、太鼓、燈明、篝台などがある。また神社で配布する各種の神札、お守りなどは家々に持ち帰られ、祀られるものであるから、御霊代といえるものである。神を私たちが思い浮かべる時、先ず頭に浮かぶものの大半がこの中には含まれている。今もなお、カミは去来するものという意識・感覚を、私たちは変わらずに持ち続けているのである。

先日、隣から七五三の祝いの千歳飴を貰った。お参りをした神社は元からのこの土地の氏神（鎮守）ではなかった。新しく開かれた住宅地である私の町内の人たちには、旧村の氏神の氏子という意識は少ない。何らかのきっかけで知った神社にお参りに行くということが多い。わが子の七つのお祝いに参ったのも他の土地の神社であった。地付きの人間でない私にとって、お参りするのはいま住んでいる土地の氏神でなければならないということはない。お参りすることによって、ある種の安心を得ることが出来たのである。現在の私にとって、神社はその程度のものである。だから無くてもよいものかというとそうではない。正月には必ず初詣に行く。どこの神社も着飾った参拝者で賑わっている。拝礼を済ますと、申し合わせたように皆が御札や破魔矢、干支絵馬、縁起物などを戴いて晴々とした顔で帰っていく。私はその人びとの明るい顔に、幸せを約束された満足感を見る。

例えとしては必ずしも適切ではないといわれるかもしれないが、神社は病院と考えることが出来る。心の病を癒す病院である。病院は健康な人には無用のものであるが、無ければ困る。身近な所に病院があれば具合の悪くなった時にすぐ駆け込み、相談することが出来る。何とない安心感を持って毎日を過ごすことができる。病院はそのような効用も持っている。病人にとっては無くてはならないものであるが、病人だけのものではないのである。最近は健康診断を受けることが普通になっている。人間ドックに入って、何事もないという診断が下されると安心をし、毎日の生活が明るいものになる。

七五三のお参りや初詣は健康診断を受けるのに似ている。病院で受ける健康診断ではときに悪いところが発見されるが、神社のそれは常に安心を与えてくれるものである。カミという医者は人に幸せを約束してくれる、とてもありがたい医者である。神社はそのカミというありがたい医者をまつる装置なのである。

（「なごみ」一〇九号　淡交社　昭和六十四年一月）

描かれた祈り

はじめに

伝統的な日本の庶民生活は華やかさのない、色彩に乏しいものだと思いこんでいるようなところがありますが、改めて身の回りに注意を向けてみると、私たちは遠い親たちの時代から想像以上に多くの絵に囲まれていたことに気づきます。

家の中だけをみても、床の間の掛軸、神棚や仏壇に納められているお札類には神像や仏像の絵、版画がたくさんありますし、衣服や寝具、風呂敷などにも様々な模様や絵が描かれ、染められ、織り出されています。漆器や陶磁器にもなんらかの模様が描かれているものがたくさんあります。神社や仏閣、路傍の小祠などにも絵馬などがたくさん奉納され、独特の雰囲気を醸しだしています。

民俗資料展「描かれた祈り」は、日本人が、ごく当たり前のものとして造り、使い続けてきたモノの中で、絵のあるモノを中心に展示することにいたしました。

そこに描かれている絵は、暮らしに潤いを与え華やかにするものでありますが、それ以上に、日本の庶民が遠い昔から求め続けてきた、日々の平安とささやかな幸せを祈り願う、切ない心情が込められているものであります。展示されたモノに描かれた絵や模様から、そのことを読み取っていただければ幸です。

海老

海老は海の翁などともよばれ、長寿の象徴となっている。とくに腰が曲って髭の長い伊勢海老は正月の飾りや、婚礼などの祝膳には欠かせないものとなっている。中国でも浙江省などでは春節の祝膳には大海老をのせ、その年の幸運を祈る風があるという。長寿と同時に、海老は腰の鎧形が自由に曲り、跳ねる力の強いことから、海老文には物事が円滑、順調に運ぶようにという願いも込められている。

波に兎

波に兎の図は、室町時代から江戸時代にかけて多く見られるようになるのだが、これは謡曲「竹生島」の「緑樹蔭沈んで、魚木にのぼる気色あり、月海上に浮んでは、兎も波を走るか、面白の島の気色や」という一節に由来するものである。日本では月面に表れる陰影を兎が餅をついている情景だとみており、月と兎は関係が深い。そのことも関係してか、波兎

海老

波に兎（写真：工藤員功）

には海上に浮かぶ月が描かれる場合が多い。兎は、かちかち山の昔話や因幡の白兎の神話でわかるように悪戯好きなトリックスター的な要素も強いが、同時に大国主命に幸運を授けるといった招福神としての側面ももっている。大分県の安心院《あじみ》地方には蔵や住宅の漆喰壁に塗りこめられた鏝絵《こてえ》がたくさんあるが、その鏝絵に波兎はたくさん取り上げられている。これは招福と同時に防火、火難除けであるという。同県佐伯地方の漁村では軒瓦に陶製の兎が乗せられているのを見かけるが、これも同じである。

また、凧絵の画題としても波に兎は用いられているが、これには月ではなく、明確に太陽、日の出として描かれているものが多い。伝承されていく過程で原典から離れて月が太陽に変っていったものであろう。

一富士・二鷹・三茄子

縁起の良い夢とされているものを順に並べたもの。とくに初夢について言われることが多い。その由来については、①駿河の国の名物を順にあげた。②駿河の国の高いものの順番、一に富士山、二に足高山、三に初茄子の値段。などの説があるが詳細は不明。夢判断、夢占いは一般的で、吉夢・悪夢についての俗信はたくさんある。

一富士・二鷹・三茄子

鶴と亀

鶴と亀は、鶴は千年、亀は万年といわれ、早くから対になって長寿を象徴する動物とされてきた。亀は中国では四霊の一つとして北方、水気の守護神と考えられている。日本でも、彦火火出見尊の子（鸕鷀草葺不合尊《うがやふきあえずのみこと》）を身籠もった海神の娘、豊玉姫が出産のため大亀に乗って海を渡ってきたという話が『日本書紀』にあり、また鹿島明神が早亀という亀に乗って長門豊浦に上がったという話や、浦島子の伝説などで知られているように、亀は神、特に海神の使者として竜宮（仙境）と人間界を繋いで福をもたらす神聖な動物として信仰されてきた。

〔註〕四霊とは『礼記』礼運篇に記される霊妙な四種の瑞獣《ずいじゅう》のことで、麒麟《きりん》、鳳凰《ほうおう》、霊亀《れいき》、竜《りゅう》をいう。麒麟は信義を表し、鳳凰は平安を表し、霊亀は吉凶を予知し、竜は変幻を表すという。

鶴も、その美しく端正な姿態から、古くから神秘的な鳥と考えられてきた。中国では神仙の使者として鳳凰につぐ吉鳥とされているし、朝鮮半島でも吉祥の鳥とされ、鶴を放す夢を見ると財宝を得るとか、鶴が鳴く夢を見ると禄が増すなどといわれている。日本でも中国思想の影響を強くうけて、霊鳥とみる風が強く、平安時代から千

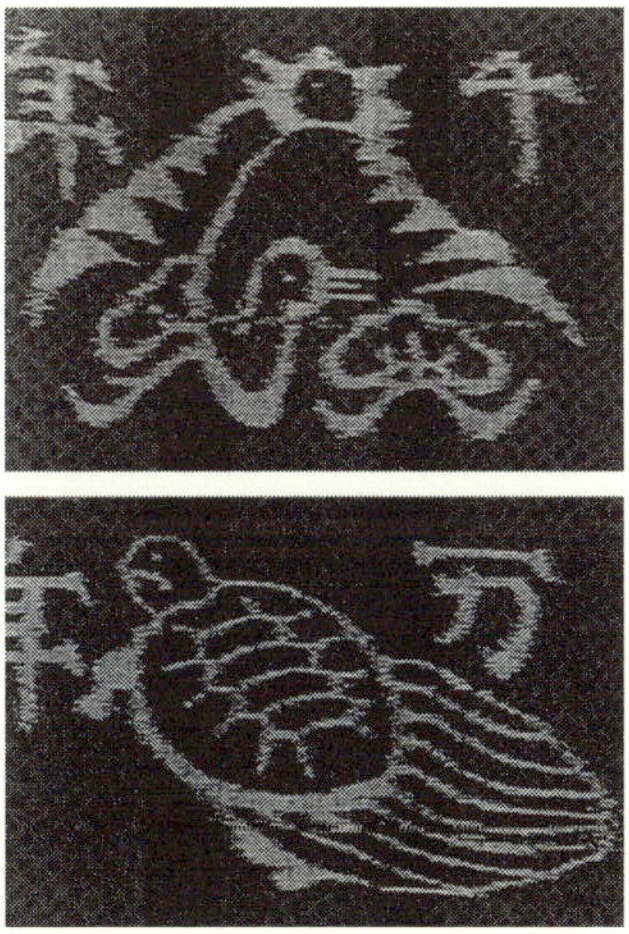

鶴と亀

年もの長命をもつ鳥とされてきた。

鶴と亀は、夫々が独立して、また対になって様々に図案化され多用されている。主として長寿、繁栄祈願である。謡曲「鶴亀」は、宮廷の年頭拝賀の場に、千年の齢を保つ丹頂の鶴と、万年の命を保つ甲に緑の毛をもつ亀が参入して、皇帝に千年の齢を献ずる舞を奏上し、皇帝も舞を奏して世を祝いことほぐという祝福能である。

鯉の滝のぼり

鯉は生命力が強く、活力があり、どんな急流をも泳ぎ上っていく力強さを持つ魚だと考えられている。そんな鯉にあやかろうと、端午の節句には鯉幟を立て、床の間に勇ましい滝のぼりの絵をかけて、男の子の生育と出世を祈り願ってきた。鯉幟が爽やかな五月の風に泳ぐ光景は、初夏の風物詩である。また、この図柄は風呂敷や蒲団地などの模様としてもたくさん描かれている。

鯉の滝のぼりは、その由来を中国の登竜門説話からきていることは良く知られているところである。黄河の上流、山西省河津県と侠西省韓城県の

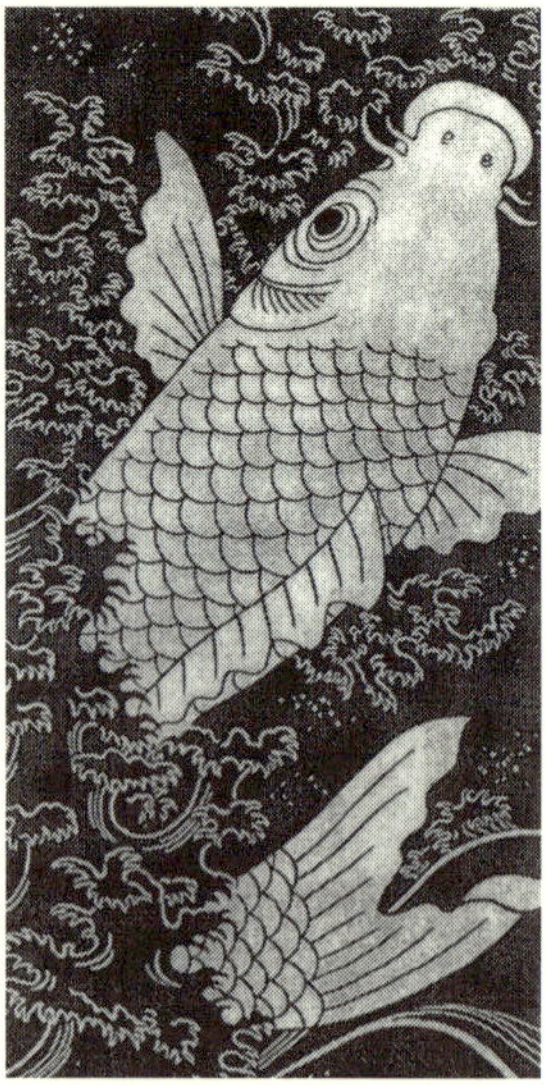

鯉の滝のぼり

間に竜門とよばれる急流がある、ここには鯉などの大魚がたくさん集まり、さらに上流をのぞんでひしめいているのだが、ここの狭い激流を乗り切って上にあがるのは非常に難しい。もしこの急流を乗り切って登ることのできる程の力をもった魚は、化して龍となることができると伝えられている。竜門という名称もそれからきたもので、登竜門という言葉も、この説話に由来するという。中国の官吏登用試験である科挙は競争も激しく、それに合格するのは竜門を登るのに匹敵するほど難しいが、合格すれば立身出世は約束されているということから、出世の関門というような意味で使われるのである。

鯉の図柄には、滝のぼりとは異なる「氷割鯉」を描いたものもある。これは中国の孝子説話の一つである「王祥氷鯉」に基づくものであるという。晋の時代、王祥という男がいた。生魚を食べたいという病気の継母のために、厚氷の張った河面に裸で伏して、魚を求めたという話である。王祥の孝心が天に通じ、二匹の鯉が氷を割って躍りでた。それを食べて母の病は癒えたという。亀裂に躍上がる鯉の留守文様として描かれているものが多い。また二月は「魚上氷」の候、氷が割れて魚が氷の間から姿を表す季節だとされているのだが、それに因んで早春の意匠文様として「氷割鯉」を用いるともいう。

宝船

七福神や宝尽くしを積んだ宝船の絵を、正月二日の夜、枕の下に敷いて寝ると良い夢をみると言う俗信がある。元日、初詣の人びとに宝船の絵を授与する神社も多いし、江戸などの町場では、「おたから・

おたから」の呼び声で売り歩く宝船を買う人も多かった。宝船の絵には「ながきよのとおのねぶりのみなめざめなみのりふねのおとのよきかな」という回文が添えられているのが一般的である。宝船を敷いて寝てもなお夢見が悪かった場合には翌朝、これを川に流した。

宝船の絵には、古くは龍頭の帆掛船に稲穂や米俵などを積んだものが多かったのだが、次第に七福神や宝尽くしなどを積んだ絵が一般的になった。見た夢を様々に判断して吉凶を占う夢占いは、正月に限ったことではなく、普通に行なわれていることであるが、年頭にみる初夢には、年占として格別の意味を持たせていた。宝船の絵は、良い夢を見て幸せな一年を送りたいと願う庶民の、ささやかな祈りの表現なのである。

宝船

尉と姥（高砂）

松、三蓋松の下で老翁が熊手、老姥が箒をもって松の落葉を掃き清めている絵が一般的である。能の「高砂」に由来する図柄で、高砂または相生の松ともいう。高砂は世阿弥元清作とされる祝言性に主眼をおいた脇能である。その粗筋は、肥後の国阿蘇神社の神主、友成が都に上る途中、播磨国高砂の浦に立ち寄り、松の下を掃き清めている老夫婦に出会い、高砂の松は何れと尋ねたところ、この松がそうだと答え、住吉の松とともに相生の松といわれる由来を語る。「古今の序に、高砂住の江の松も、相生のやうに覚えとあり、さりながら、この尉はあの津の国住吉の者、これなる姥こそ当所の人なれ……」と高砂と海をへだてて対岸の住吉の松とは相生の夫婦松で、私たちははその高砂の松（姥）と住吉の松（尉）の精だと語り、また住吉で会いましょうといって消える。友成が船で住吉の浜に着くと、月下に先の老翁・住吉明神があらわれ、泰平の御代を寿いで舞いを舞う、というものである。

「高砂」の能は、相生の松によって夫婦の和合と長寿を祝福し、またその常盤の松を象徴として和歌の道の繁栄、すなわち国の平安の永遠をことほぐものだとされている。尉と姥の図も、同様の祈願をこめてのものである。また住吉明神は海の神、航海の神でもあることから航海安全を祈るものでもあった。夫婦和合・航海安全の祈願が、新婚夫婦の門出にあたって人生航路の安全を祈り、祝福するというものに転化していった。良く知られているように、高砂は結婚披露宴などの祝儀の場で、現在も謡いつがれている最もポピュラーな謡である。

尉と姥

島台

島台は州浜形とも、蓬莱ともいう。島（蓬莱の島）をかたどった足付台に松竹梅、鶴亀、尉と姥などの作り物を配した飾り台で、蓬莱山を模したものだと考えられている。蓬来山は、中国の神仙思想に基づく仙境神話の一つにあげられている、山東半島の東方海上にあるという仙境、蓬莱の島にそびえる山である。そこには不老不死の仙人が住むという。この山の果物を食べると不老不死を得ることができるという。島台は、その神話に因むもので、年頭、婚礼などのお祝い時に床の間などに飾られる。また関西ではこの台に栗・榧《かや》・昆布・熨斗《のし》鮑《あわび》・海老・蜜柑・橘・米・柿などを積んだものを、年頭につくり年賀の客などにすすめた。

島台は本来、作り物の飾り台であるが、これを掛袱紗、祝い風呂敷などに図案化して描き、ご祝儀の際に用いた。不老長寿を祈るご祝儀の吉祥文様である。

島台

猩々

一日の最後に上演される五番目物の能、「猩々《しょうじょう》」に因んだ図柄である。

「猩々」の粗筋は、唐土のかね金山《きんざん》の麓、揚子の里に住む高風という親孝行な若者が、夢のお告げにしたがって揚子の市で酒を売ったところ、お告げの通りに次第に富貴になった。ところで、ある時不思議な童子姿の者がやってきて、酒を買って飲むが、いくら飲んでも平気で顔色も変らない。名を訊ねると、海底に棲む猩々だと名乗り、壺を抱えて海中に入ってしまった。

そこで高風は潯陽《しんよう》の江のほとりにいって、菊の酒を用意して待っていると、猩々があらわれ、高風に会ったことを喜び、酒の徳をたたえて酒に酔いつつ舞を舞い、汲めども尽きず、飲めども量の変らない竹葉の酒の酒壺を高風に与えて酔い臥してしまった……と思ったのは高風の夢であった。しかし目ざめた後も、酒壺はそのまま残っていて、高風の家は末長く栄えた、というものである。猩々の図柄は、不老長寿の薬としての酒と孝行の徳が富貴をもたらすという招福の意を表す吉祥の図柄である。

猩々

〔註〕猩々：猩々というのは、顔は人に似ているが、身体は猿のような朱紅色の毛で覆われ、小児の泣声のような声を出し、人語を解する、たいへん酒を好むという想像上の動物である

束ね熨斗

熨斗鮑を略して熨斗ということが多い。束ね熨斗は熨斗鮑を束ねたものを図案化したもので、代表的な吉祥文として鶴亀、松竹梅とならんで多用されている。

熨斗鮑は、アワビの肉を薄く長く桂むきにしたものを水洗いして干し、生乾きのものを引きのばして乾燥させたもの。これを紅白の折り紙に挟み、水引をかけて、めでたい時の贈答品につける。

婚礼の結納品目には必ずといってよいほど束ね熨斗が入っている。

束ね熨斗

鮑は、古くから長寿の貝として祝儀の食膳には必ず上る重要な海の幸であり、大事な奉納品、贈答品でもあった。鮑の肉は叩けばいくらでものびる。打ちのばした鮑を打鮑、またはのし鮑といった。武家では敵を討つに打つが通ずるので喜んだ。またのし鮑は、「のし」が延し、伸しに通ずるので延年長久を表すとして出陣や帰還の祝膳には必ず用いられたものである。

重要な贈答品であった熨斗鮑が、形式化して贈答品に熨斗をつけるのが一般化したのは江戸時代に入ってからだとされている。それは贈る品が、仏事の精進物でないことを示すため、生臭物（ご馳走）の代表としての熨斗鮑を添えたのが始まりであるという。日常の食事は一汁一菜的な質素なものであったから、魚鳥などの生臭物にはある憧れをもっており、晴の食事にはそれを欲する気持ちが強かったのである。仏教は殺生禁断であるから仏事の食事は魚鳥をも忌み、すべて精進料理を基本としていた。したがって仏事・凶事の贈答品には熨斗をつけないのが本来の形であったが、近年は紅白の紙にかえて黒白、又は青と白の紙に挾み、同色の水引で結んだ熨斗をつけることが一般化しているし、熨斗と水引を印刷した進物用の包み紙や熨斗袋が多く用いられるようになって、本来の熨斗鮑を知らない人が増えてきている。

松竹梅

中国では松・竹・梅の三種を「歳寒三友」とよんで吉祥のものとして尊んできた。三友の語は論語にある「益者三友」からきたもので、自分に益のある三人の友として正直・誠実・見聞が広く博識の人を挙げているのだが、それに松竹梅を喩えたものである。松と竹は冬の寒さや風雪に耐えて常に緑を保っており、梅はまた他の植物に先駆けて香気ただよう花を開くことから、高潔・節操・清純などの象徴とされ、文人や禅僧などに好まれ、絵画などの題材とされてきたのであ

松竹梅

る。松竹梅を一枚に描いたものを三友図とも三清図ともいい、これに石と水を加えたものを五清図、蘭を加えたものを四清図と呼んでめでたい図柄としている。日本にもこうした思想は奈良時代にすでに伝えられており、祝い事や新年の飾り物としても用いられ、詩歌などの題材ともなっている。室町時代には謡曲に取入れられて、慶事の席で謡われるようになっているし、江戸時代になると長唄や河東節《かとうぶし》などの祝儀曲として数多く作曲され、より広く普及する。

松は神の依代として門松などにも用いられてきたが、鎌倉時代になると松に竹が添えられ、さらに江戸時代には梅が添えられるようになる。一般には竹は君子、梅は産め、松は待つなどとして「君子誕生を待つ」などといったりする。松竹梅の図柄は、鶴亀、熨斗などと並んで様々に意匠化され多用されているのは周知のことである。いずれも祝儀用で、開運招福の祈りが込められたものである。

〔註〕『論語』季子篇に「孔子曰、益者《えきしゃ》三友、友直、友諒、友多聞、益矣、友便辟、友善柔、友便佞、損矣、」「孔子曰く、益者三友。直きを友とし、諒《まこと》を友とし、多聞《たぶん》を友とするは益なり。便辟《べんへき》を友とし、善柔《ぜんじゅう》を友とし、便佞《べんねい》を友とするは損なり。」（媚びへつらう人、不誠実な人、口先ばかりの人）

宝尽くし

宝鑰《ほうやく》・米俵・宝巻・分銅・丁字《ちょうじ》・隠笠・隠蓑・打出小槌・金嚢などを筒描きで染めたもの。型染もある。風呂敷に多い。宝尽くしは中国の八宝（法螺・法輪・白盖・蓮華・宝瓶・金魚・盤長）を日本風にアレンジしたもので、福徳招来の祈願として江戸時代には広く庶民の間にも普及した。

①**宝鑰**　鑰は鍵で宝蔵の鍵のこと。謡曲、竹生島に弁天社の社人が参詣に来た廷臣に宝物を見せる場面で「急いで宝物を拝ませ申さばやと存ずる。これは御蔵の鍵にて候。これは天女の朝夕看経なさる御数珠にて候。……」とある。

②**宝巻**　宝物として秘蔵されている巻き物。

③**分銅**　秤で重さを計る時の標準となるおもりだが、宝尽くしに描かれた分銅は、いわゆる計量用のおもりではなく、非常の場合の備えとして、金や銀を分銅形に鋳造した分銅金であろう。分銅金は、太閤分銅金を略した呼称で金貨としても通用したものでもある。要するに宝尽くしの分銅は財貨の象徴である。

④**丁字**　フトモモ科の常緑高木、モロッカ諸島原産、熱帯アジアで広く栽培する。花は蕾で白色、淡紅色の筒状花となり、強い芳香がある。実は紡錘形で長さ二センチくらい。蕾を乾燥させたものを丁字、または丁香といい古くから香料として知られている。

宝尽くし

日本にも早く入っており、正倉院御物にある。香料・健胃剤・防腐剤など多方面に用いられ、珍重されてきた。クローブ。丁字香、丁字油。花、実の絵柄は紋所にも多く用いられている。

⑤**隠笠・隠蓑**　身につけると身体が見えなくなるという笠、蓑。天狗、鬼をだまして手に入れ富貴になるといった体の昔話がいくつもある。狂言の節分では、節分の夜に蓬莱の島から、節分の豆を食べにやってきた人のよい好色の鬼が、留守番の女房に惚れて口説くが逆に騙されて、蓬莱の島から持ってきた隠蓑・隠笠・打出の小槌を取り上げられ、最後は豆を打ちつけられて逃げ出すという筋になっている。

⑥**打出小槌**　打ち振れば何でも思うままに出せるという小さな槌。『康頼宝物集』に「打ちでの小槌といふものこそ能き宝にて侍りけれ」とある。御伽草子の一寸法師が鬼から打出小槌を与えられ、富貴栄達を得た話は誰もが知っている。

⑦**金嚢**　財布、巾着。砂金を入れ腰に下げた袋。

七福神

恵比寿神・大黒天・弁才天・毘沙門天・福禄寿・寿老人・布袋和尚の七神は、代表的な福の神である。それぞれが個性的な神として、単独に、あるいは恵比寿・大黒のようにセットとしても信仰されているが、正月に行なわれる七福神巡りや宝船に描かれた七福神のように一セットのものとして、広く庶民に信仰されるものでもある。七福神は、社寺や堂祠に祀られているばかりではなく、身近にある絵画や工芸品、民俗芸能などにも様々な形態をとって表現されている。それはこの信仰が、厳格な教理や禁忌をともなわない親しく、楽しいものとして庶民の世界に受入れられ、浸透したものであることの端的な表れである。七福神は日々の平安とささやかな幸せを祈り願う民衆世界の福の神なのである。

セットとしての七福神信仰は、喜田貞吉氏によると室町時代の末期、京都を中心に始まり広まったものだろうという。恵比寿・大黒を一対のものとして祀り、信仰する風はかなり早くから見られたのだが、室町時代の末頃になると鞍馬の毘沙門天、比叡山の三面大黒天、西宮の恵比寿、竹生島の弁才天の四神が広く信仰されるようになり、これに寿老人、福禄寿、布袋和尚などが加わって七福神が成立したのだと考えられている。なぜ七神なのかについては、七が聖なる数として特別の意味をもった数だからという考えもあるが、特別の意味をもった数は七だけではない。仁王護国般若波羅蜜経に「七難即滅、七福即生」とある文言に由来するものだろうという説が有力である。

七福神（渓斎英泉・歌川国貞・国芳画）

現在、七福神は先に掲げた七神に固定しているが、江戸時代初期に著された『日本七福神伝』では吉祥天・弁才天・多聞天（毘沙門天）・大黒天・布袋和尚・南極老人・恵比寿神が記されている。南極老人は福禄寿または寿老人だといわれているから、このうちの一神の代わりに吉祥天が入っているし、『書言字考節用集』では寿老人のかわりに酒好きな空想の動物である猩々が加わっているなどの違いがあり、最初からきちんと確定していたものではなかったことがわかる。以下、簡単に七福神の夫々についてプロフィールを紹介する。

①**恵比寿**　恵美須・夷・戎・胡などの漢字があてられる。また蛭子と表記することもある。狩衣、指貫に風折烏帽子をかぶり、左脇に鯛を抱え、右手に釣竿を持った姿が一般的である。漁業と商売繁昌の神として信仰されている。恵比寿神は、日本固有の土着神で、イザナギとイザナミがミトノマグワイをして最初に生まれた子供で、三年たっても立ち上がって歩くことができなかったので葦舟に乗せて流された蛭子に由来するとか、大国主命が天孫に国譲りをした時に、それに賛成して自ら姿を消した大国主の子供の事代主神である、などの説があるのだが、クジラをエビスとして崇め、漂着した奇木や浜に打ち上げられた奇木・怪石などがエビス神として祀られている例も少なくない。また夷・戎・胡などの漢字表記からも推測できるように、恵比寿神には海の彼方から訪れた外来神の香りが強く漂っている。

恵比寿

〔註〕西宮の恵比寿：白川神祇伯家の社領にある広田・南宮・夷の三社を西宮という。夷社は広田神社の摂社であったが、クグツの活躍によって、恵比寿信仰が全国に普及すると、西宮の中心的存在になる。昔、鳴尾の漁師が武庫の海で夜漁りをしていて奇しい神像のようなものが網にかかる。何心なく捨てて、和田岬のあたりに場を移して網を曳いていると、また先ほどの神像がかかる。くしきことに思い家に持ち帰り床の間に祀っておいた所、ある夜、その神が夢に現れ「我は蛭子神なり、国々をまわってこの地にきたが、ここより西に良き宮地がある、そこに居らんと思う。よろしく計らえ」と告げた。

② **大黒天**　早くから恵比寿と対になって信仰されてきた。大黒天はバラモン教のシヴァ神の化身の一つだというマハーカーラに由来するとされている。シヴァは破壊の神、または時間の神といわれる神で、シヴァが世界を破壊する時に、この姿になるという。その化身であるマハーカーラは全身が真黒で憤怒の形相をしている。マハーは大きい、カーラは黒という意味であるから大黒はその直訳ということになる。日本に入って福の神となった大黒天は、およそご先祖様のマハーカーラとは異なり、満面笑みを浮かべた優しい表情になっている。マハーカーラは寺を守護する神として仏教に取入れられるのだが、日本には寺を守護する神としてよりも、厨房、台所

大黒天

マハーカーラ

の神として広く信仰されるようになったようである。俗に住職の奥方を隠語で大黒さんと呼んだりするのは、そのことと関係があるのだろう。狩衣を着て烏帽子（後に頭巾が一般的になる）を被り、背中に大きな袋を担いだ大黒天の像は、代表的な国つ神である大国主命を髣髴させるものであるが、これは大黒と大国との音が通ずることから一体視されるようになったのだという。現在一般的に見られる大黒天の姿は、頭巾、狩衣、背中に担いだ袋の他に小槌を持ち、米俵の上にたっている。小槌はいうまでもなく打出の小槌で、米をはじめとする様々な宝を産み出す槌であり、それは土・大地を意味するのだといわれている。

比叡山の三面大黒天

〔註〕比叡山の三面大黒天：三面出世大黒天として知られている。東搭大黒堂に祀られている。伝教大師（最澄）が延暦寺の根本中堂を建立中に大黒が示現して、これ以後比叡山を守護しようと約束した。大師はその姿を彫刻して祀り供養した。秀吉がこの大黒に祈願して天下人となったということから出世大黒天という。三面六臂大黒天で正面が大黒、向かって右が弁才天、左が毘沙門天（多聞天）となっている。

③ 弁才天　弁才天もバラモン教の神であるサラスヴァティに由来するという。サラスヴァティは、河川の神、水の神であるが、水の流れる音から音楽の神、弁舌（智恵）の神としても信仰されている。大黒

天と同様、仏教に取入れられ日本に伝えられる。その姿は琵琶を抱いて奏でる美女として描かれるが、この姿が一般的になったのは、市杵島姫命《いちきしまひめのみこと》と同一視された結果であるという。その姿からもわかるように、古くから音楽の神、技芸の神として信仰されてきたのである。

　市杵島姫命は天照大御神と素戔嗚尊が天安河原で誓約を行なった際に生まれた三女神の一神で、宗像の神として祀られている。筑前宗像神社は海の神、航海神として知られている。

　弁天様は日本三弁天として知られている江ノ島・竹生島・厳島をはじめとして海辺、水辺にまつられているものが多く、技芸神であると同時に水の神としての性格をも強く残している。江戸時代になると福の神としても信仰されるようになる。これは顔かたちが美しく衆生に福徳を与える女神として信仰されてきた吉祥天と混同されたことと、弁才天の才が財に通ずる事からであろうといわれている。水との関連で蛇や龍と結びついたものも多い。

④毘沙門天　毘沙門天もバラモン教のクベーラ神に由来するとされている。クベーラは、福徳財宝を司どる神であるが、ヒマラヤの北方山中に住んでインドの北方を守る神ともされていた。仏教に取入れられた毘沙門天は、仏法を守護する四天王の一人として北方守護の役割を

サラスヴァティ

弁才天

担うことになる。因みに四天王は須弥山の四王天の主で、東方の持国天、西方の広目天、南方の増長天、北方の多聞天（毘沙門天）で、帝釈天に仕え仏法と仏法に帰依する人びとを守護する王とされている。毘沙門天は四天王中最強の力を持っているとされており、にこやかな七福神の中で、ただ一人甲冑に身を固め、厳めしい表情をしている。「金光明最勝王経」に、「如意宝珠陀羅尼法を修するものは、毘沙門天の誓いにより災難を免れ、命を延ばし、金銀財宝を得る」とあることなどから、財福富貴の神として広く信仰されている。なお多聞天と毘沙門天は同一の神で四天王の一人としては多聞天と呼ばれることが多いようだ。

⑤ **寿老人**　南半球にある竜骨座の中にカノーブスといわれる明るい星がある。日本では知られていないし、中国でも稀にしか見ることはできない星であるが、この星を寿星または南極老人星とよび、世の中が平和な時にだけ出現するめでたい星であり、また皇帝の寿命を支配する星だと考えていた。したがって歴代の中国皇帝は寿星祠・寿星壇を築いて、

寿老人

クベーラ

毘沙門天

自らの長寿と天下の平穏を祈っていたという。寿老人はこの星の人格化されたもので、唐代には黒い頭巾を被り、杖をもった老人として描かれるようになり、それが日本に伝えられた。寿老人のもつ杖には巻物が結びつけられているが、これには人間の寿命が記されているといわれている。

⑥ **福禄寿**　福禄寿も寿星の人格化されたものである。宋代になると寿星が、頭が異様に長く、豊な白髭をたくわえた老人の姿として描かれるようになる。これが日本に伝えられ福禄寿として七福神に加えられることになったのである。したがって福禄寿と寿老人は同一の神の別な姿ということになる。福禄寿というのは本来固有名詞ではなく、道教で理想とする三つの徳、「福—幸運と子孫に恵まれる」「禄—禄、つまり金銭に恵まれる」「寿—長寿にめぐまれる」ことだといわれている。福禄寿はこの三つの徳を具備している神だと考えられているのである。

⑦ **布袋和尚**　七福神中、唯一実在の人物。本来の名は釈《しゃく》契《かい》此《し》、出自不明、天復年間（九〇一〜九〇四）に奉川県で亡くなったとされている中国唐代の高僧。巨大な太鼓腹に半裸の姿で、いつも杖と身の回りのものを入れた大きな布袋を持って放浪を常としていた。布袋和尚は雪の上で寝ても身体が濡れず、

福禄寿

布袋和尚

天候や吉凶を占うと必ずあたったという。布袋は釈迦の没後五六億七千万年の後に現れて衆生を救うといわれる弥勒菩薩の化身だといわれていたことや、福よかな笑顔と大きな布袋を持った姿が大黒天に似ていたことなどから、七福神に加えられたのだと考えられている。また喜田貞吉氏は、これらの説に加えて、「泣いて暮らすも一生、笑って暮らすも一生、同じ暮らすなら笑って暮らせ」といった楽天的な生き方が、当時の人びとに至福の象徴として受入れられた故であろうといっている。

⑧**福助**　七福神ではないが福の神として崇められており、図像、塑像も多いので、関連するものとしてここに取り上げる。裃姿で、座って挨拶をする、大頭で福耳の福助人形もまた福の神である。福助人形は寛政(一七八九～一八〇一)頃にはすでにあり、文化元年(一八〇四)春頃から江戸で大流行する。文化元年は甲子の年で改元、甲子革令といい世界が大きく変化する年だと考えられている。「世直り」を求める心が福助の流行に拍車をかけたのであろう。福助にはモデルがある。新吉原の大文字屋という妓楼の主人、村田市兵衛がモデルだと『街談文々集要』に書かれている。河岸見世の仕出屋から一代で大文字屋という大見世にした人である。市兵衛の親は有名なケチで、夏にカボチャを大量に買込み、秋まで毎日カボチャばかり食べていたという。市兵衛は大頭でカボチャという仇名をつけられていた。市兵衛は悪口を言われても怒らず、「加保茶元成」という名で狂歌の世界で活躍

福助

し、その姿絵が出まわり、囃し立てる歌まで作られる程の有名人であった。異形の人ということができる。七福神もまた異形の神々である。

〔註〕『【近世庶民生活史料】街談文々集要』石塚豊芥子編・鈴木棠三校訂・三一書房・一九九三年十一月三十日刊。文化元年（一八〇四）のところに「叶福助起原」という項がある。

〝当春より叶福助と号し、頭大きく背短かく、上下を着したる姿を人形に作り、張子又は土にて作り、壱枚画に摺出し、其外いろ〳〵のものに准《など》らへ、翫《もて》あそぶ事大ニ流行す、後には撫牛の如く、蒲団に乗せ祭る時は、福徳ますとて、小キ宮に入、願ふ事一ッ成就すれば、蒲団を仕立て、上ル事也。其根元、何といふ出る処を知らず、唯愚夫愚婦の心にも応ぜざる願立いたしけるこそうたてける、其節の落首に、

ことしよりよい事ばかりかさなりて心のまゝに叶福助〟

〝豊芥按に、此叶福助の人形の起りハ、新吉原京町弐丁目、妓楼大文字屋市兵衛、初メハ河岸見世にて、追々仕出し、京町弐丁目え移り、大娼家となりぬ、此先祖至て吝惜にて、日々の食物菜《サイ》の物も、下直なるものを買置、夏の内は南瓜《ボブラ》多く買置、秋迄も総菜にものしけるゆへ、近辺の者、悪口に唱歌を作り、

へこゝに京町大文じやの大かぼちゃ其名は市兵衛と申升ス、ほんに誠ニ猿まなこ、ヨイ　ハイナ〳〵

と、大きなる頭を張ぬき、是を冠り踊り歩行し、此の唱哥大評判になり、大文字屋ハます〳〵大繁昌せり【此唱哥、板行ものして売、又踊り姿を紙作りうる也】此節の手遊屋、是ニもとづき、大頭の人形に上下を着せ、叶福助と名号《ナヅケ》、何まれ願ひを懸け、利益のある時ハ布団ヲ拵え上る事なり、又上野山下え、頭大きなる男ニ柿色の上下を着せ【年頃十二三也し】叶福助ト云て見世物ニ出したり、是等はあたま大キゆへ、皃《カホ》を晒して利分を得たり、相良侯は撫牛を信じて出世ありしとて、世の人是をまなぶ、此一点の玩び物ハ今に廃《スタ》ることなし〟

十二支と守り神

十二支―子・丑・寅・卯・辰・巳・午・未・申・酉・戌・亥は、本来、木（歳）星が十二年で天を一周することから、中国古代の天文学で木星の位置を示すために天を十二分した場合の呼称である。十二支の夫々に特定の動物を当てることも早くから行なわれている。これを年にあてて十二年で一巡する年回りを示したり、十干と組合わせて六十年で一巡する年、または六十日で一巡する日をあらわし、時刻や方角などを十二支で示すなどのことは良く知られている。現在でも自分の生年を十二支で表現することは多い。新年になると、初詣客の多い社寺のほとんどが、その年の十二支に因んだ図柄の絵馬を頒布するようになっている。人びとはそれを求めて祈願内容などを記して、奉納することも一般的になり、現在の奉納絵馬の大半が、いわゆる干支絵馬だといっても良いほどになっている。

十二支（干支円図）

こうした用いられ方の他に、十二支の夫々に特定の神仏があてられ、夫々の年に生まれた人の守り神として信仰されている。これを宮城県などではケタイガミ（卦体神）と呼んでいる。卦体というのは、日本国語大辞典には、「易の卦の算木に現れた形。占いの結果。転じて縁起。」と記されている。縁起の悪いことを卦体が悪いという。ケタクソガワルイというのは卦体糞が悪いが詰った言い方である。それはともかく、宮城地方で卦体神とされているものを掲げると、以下のような神々が当てられている。

〈生まれ年〉	〈守り本尊〉
子	観音
丑	虚空蔵
寅	々
卯	文殊

〈生まれ年〉	〈守り本尊〉
辰	普賢
巳	々
午	勢至
未	大日

〈生まれ年〉	〈守り本尊〉
申	々
酉	不動
戌	阿弥陀（八幡）
亥	々

十二支（『年中重宝記』より）

牡丹に唐獅子

「牡丹に唐獅子」は「桐に鳳凰」、「竹に虎」などと同様、対として描かれることの多い文様である。家紋としても使われているし、仁侠映画の主人公が背中に施す刺青の文様としても知られている。獅子は百獣の王と呼ばる勇猛な動物だと考えられてきたこともあって、神社の宝物として伝えられている古い鎧、例えば京都の鞍馬寺に所蔵されている源義経使用と伝えられる甲冑、などの文様としても多く用いられている。獅子と牡丹がセットになった絵柄は、すでに平安時代から用いられている。ちなみに獅子はライオンの漢語でもあるが、中国を中心とする東アジアでは、ライオンそのものではなく、これをもとにした想像上の動物として描かれている。仏典では仏にたとえられることもあり、聖獣視されている。文殊菩薩が獅子に乗った騎獅文殊像は良く知られている。

牡丹は中国では百花の王、富貴草などといわれており、神聖であると同時に富貴を象徴するものとして珍重される。

牡丹に獅子の文様は、仏説に基づくものだとされており、曼荼羅の縁に牡丹、または牡丹と獅子が描かれていることと関連して、その由来が説かれている。

曼荼羅は、日本国語大辞典に「密教で宇宙の真理を表わすために、仏菩薩を一定の枠の中に配置して図示したもの。これに金剛界曼荼羅・胎蔵界曼荼羅や四種曼荼羅などがあるが、転じて浄土の姿その他を図画したものにもいう」と解説されている。仏教、特に密教の世界観・宇宙観を図像として示したものだといってよいだろう。曼荼羅のうち、金剛界曼荼羅・胎蔵界曼荼羅を併せて両界曼荼羅、両部曼荼羅というが、牡丹を縁に描くのは、両界曼荼羅のうちの胎蔵界曼荼羅である。それについて、高野山大楽院信日の筆になる『両界曼荼羅鈔』（下）には、おおよそ次の様に記されている。

曼荼羅ノヘリニ、金剛界ニハ宝生草ヲ画キ、胎蔵界ニハ牡丹草ヲ画ク、意如何。云々、此事大師当時沙汰無キ也。但、宝生草説所八字文殊軌云、宝生草諸檀法ニ同ジ。次牡丹草檜尾口決云、牡丹草食道引説所コノ如、次ニ之ヲ用ル意ハ、先牡丹草ヲ用ル事、谷阿闍梨口伝云、西国ノ法ニ必ズ物ヲ食ニ牡丹ヲ敷キテ食フ也。北国ノ茅敷《かいしき》ノ如キ者也。是故ニ世俗ニ順イ供養ニ用ル物也。（中略）問、牡丹草世儀ニ順イ供養物トシテ之ヲ用フ、両部倶之ヲ用ル可シ、金剛界宝生草ヲ用イ胎蔵界牡丹草ヲ用ル乎、云々。此事未ダ師説ヲ聞カズ、然而私推義云。両部中各五智ヲ具エ、無際智重重

牡丹に唐獅子（広重画）

無尽蔵、殊ニ金剛界強故、金剛界宝生草ヲ用ウ。次牡丹草獅子之ヲ愛シ之ヲ食ス、然獅子仏母三形也。胞胎胎蔵仏母能生義也。故胎蔵界牡丹草ヲ用ル也。（中略）此牡丹草、獅子之ヲ食ス、故ニ余毒虫等此牡丹草ニ不近。故此義ニ準ズ。今食道之ヲ用ル也云々。」（沼田頼輔『日本紋章学』〈人物往来社・一九六八年〉より）

これだけでは充分に意が通じないところがあるけれども、要するに、仏母の三形、つまり仏母の三摩耶形である獅子は、牡丹を愛し、之を食物としたことから、胎蔵界曼荼羅の縁を飾るのに牡丹を用いたというのである。ちなみに三摩耶形というのは「一切衆生を済度するため諸仏の発した誓願を具象化したもので、仏、菩薩、明王、諸天などが手にもっている器杖または印契をいう。たとえば文殊の利剣、観世音菩薩の蓮華などの類」と日本国語大辞典では解説している。仏母である摩耶夫人の三摩耶形が獅子と考えられているということなのであろうか?。

〔註1〕宝生草とあるが、これは放杖草のことであろう。放杖草は淫羊霍ともいい、イカリソウ。根は強壮剤とする。

〔註2〕茅敷《かいしき》、掻敷：器に食物を盛る時、下に敷くもの。多くはナンテン、ヒバ、ユズリハなど、ときわ木の葉や葉のついた小枝、後には紙も用いた。

文殊菩薩と獅子

獅子と関係の深いのが、日本でも智慧の神として広く信仰されている文殊菩薩である。文殊菩薩は大乗仏教の悟りの智恵を象徴する菩薩である。釈迦三尊像には、釈迦を中心に、脇侍として左に文殊菩薩、右に普賢菩薩が描かれている。多くの場合、文殊は獅子に、普賢菩薩は象に乗っている。文殊菩薩は般若経を編集したと伝えられているが、他の教典にも、文殊がしばしば般若（智慧）を示し、人びとを教化したことを伝えている。中国では寺院の食堂に文殊の像を安置しているという。日本にも文殊信仰は早くに入り、和銅四年（七一一）に法隆寺に文殊の像が安置されている。また天台僧円仁も文殊信仰に強い影響を受けて帰国し、息災・安鎮の修法である文殊八字法を伝え、貞観三年（八六一）には比叡山に文殊楼を営み、その没後、楼に騎獅文殊像が安置されるなどのことから文殊信仰は次第に広まっていった。胎蔵界曼荼羅には、中央の中台八葉院に、文殊菩薩が取り入れられている。奈良興福寺には、文殊菩薩に学僧たちが学業成就を祈願して奉納したと考えられる牡丹に唐獅子を描いた江戸時代初期、慶長頃の古絵馬が何枚も残されている。

謡曲「石橋《しゃっきょう》」は、文殊の浄土、清涼山に詣でた寂昭法師の前に、文殊の使獣である獅子があらわれ、紅白の牡丹に戯れつつ豪壮な舞を舞い、御代を祝福するという祝言

文殊菩薩と獅子（伊藤若冲画）

能である。

牡丹に唐獅子の由来がどの程度一般に理解されていたのかは明確ではないが、騎獅文殊像や謡曲、さらに「石橋」から生まれた歌舞伎舞踊の「相生獅子」や「執着獅子」などを通じて広く知られ、刺青にまで用いられるほどに一般化していった。

桐に鳳凰

桐に鳳凰、桐・竹・鳳凰の図柄も古くから用いられているものの一つである。

鳳凰は、古代中国の地理書で、神話伝説の書でもある『山海経』の「第一南山経」に、次のように記されている

南山の三の巻の首《はじめ》は天虞《てんぐ》の山といい、(中略)さらに東へ五百里、丹穴《たんけつ》の山といい、頂上には金・玉が多い。丹水流れて南流し渤海に注ぐ。鳥がいる。その状は雞《にわとり》の如く、五彩で文《あや》あり、名は鳳皇。首《かしら》の文を徳といい、翼の文を義といい、背の文を礼といい、胸の文を仁といい、腹の文を信という。この鳥たるや飲食はありのままに、われと歌い、われと舞う。これが現れると天下は太平である。

その身体に徳・義・礼・仁・信を備えた瑞鳥で、天下太平を象徴するものだというのである。それだけに、常に、何処にでも現れるものではなく「天下道あるときに限り出現するもの」でもあった。

この瑞鳥である鳳凰と、桐・竹の関係については、『韓史外伝』に中国古代の伝説上の皇帝の一人で

ある黄帝に因んで、次のような説話が記されている。

黄帝即位シ、恩ヲ施シ徳ヲ修ム、宇内和平、未ダ鳳凰ヲ見ズ、天老ニ乃リテ之ニ問フテ曰ク、鳳凰如何。天老対ヘテ曰ク、夫レ鳳凰タル前ヲ鴻ニシテ後ヲ麟ニス、蛇頭ニシテ魚尾、竜文ニシテ亀背、燕頷《かん》ニシテ鶏喙、徳ヲ頭ニ戴キ義ヲ背ニ掲ゲ、仁ヲ心ニ負ヒ、信ヲ翼ニ入レ、礼ヲ足ニ挾ミ、文ヲ毛ニ履ミ、武ヲ爪ニ繋グ、小音金ハ、大音鼓ハ、頭ヲ延べ翼ヲ奮ヘバ、五色備ニ挙リ、住メバ即チ安ク、来レバ則チ喜ブ、遊心所ヲ択ビ、飢ユルモ妄リニ下ラズ。黄帝乃チ黄衣ヲ服シ黄紳ヲ帯ビ黄冠ヲ戴キ干ヲ中宮ニ斎ツク。鳳乃日ヲ蔽ヒテ至リ、帝ノ東園ニ止リ、梧樹ニ集リ竹実ヲ食シ、身没スルマデ不去。

黄帝が徳を修め善政をしいて国内が平和に治まったが、鳳凰は姿を現さない。黄帝が、物知りの補佐役である天老に、鳳凰は如何にと下問した。天老は鳳凰というのは……と答えた。そこで黄帝が、黄の衣、帯、冠を身につけ、盾を中宮に奉った。要するに農夫のような質素なものを身につけて、神を敬い、いっそう徳を修めたということであろう。そうすると鳳凰が東園の梧桐の木に集まり、竹の実を食べて死ぬまで去らなかったというのである。そのことから桐・竹・鳳凰がセットとして、王者

桐に鳳凰

を祝福する端鳥嘉木とみなされるようになったという。
日本では平安時代以来、桐・竹・鳳凰の模様が天皇の黄櫨染《きはだぞめ》の御袍の模様として定められ用いられてきたし、その他の調度器物にもこの図柄が多く用いられた。また天皇家では菊花とならんで桐文が紋章として用いられていた。足利氏、豊臣氏が桐紋を用いたのは、これを天皇から与えられたからだという。桐竹鳳凰の図柄は王者を祝福する高貴な文様として用いられたものであるが、これが次第に長寿、招福の吉祥文として袱紗、祝い風呂敷などに用いられるようになったのである。

〔註〕黄帝：中国古代の伝説上の聖帝とされている三皇五帝の一人で、舟車、家屋、衣服、弓矢、文字をはじめて作り、音律を定め、医術を教えたという。ちなみに三皇は天皇・地皇・人皇、または伏義・女蛾・神農などいくつかの説がある。また五帝もいくつかの説がある。黄帝・顓頊《せんぎょく》・帝嚳《ていこく》・尭《ぎょう》・舜《しゅん》など。
黄帝は軒轅氏ともよばれ、五行の土徳をもって王となったので、土の色の黄によって黄帝と称したという。

竹に虎

虎は猛々しく強い動物であるから、恐れられると同時に、畏れられるものでもあった。中国では、虎の絵を門に描いて災いの防ぎとした。いわゆる門神の一つとして崇めたのである。また虎形の押絵を魔除けの護符として小児の肩から吊るしたりもしたという。周知のように日本には虎は棲息していないが、その存在は早くから知られており、画材にもなり、また近松門左衛門作の浄瑠璃「国性《こくせん》爺合戦《やかっせん》」や「傾《けい》城反魂香《せいはんごんこう》」などにも登場して上演されるなどのことによって、広く知られていた。

神農様と張り子の虎―神農は中国古代の伝説上の三皇の一人。人身牛首で、人民に耕作を教えたということから神農と称され、また五行の火の徳によって王となったので炎帝ともいう。初めて医薬をつくり、五弦の瑟《しつ》（大琴）をつくり、八卦を重ねて六四卦をつくったという。神農は医薬の祖として尊崇されており、日本でも十一月の冬至の日に漢方医は神農祭を行なっていた。特に薬種問屋の集中する大阪道修町《どしょうまち》では、寄合い所に薬祖、神農の像を安置していたが、後に京都五条天神から祭神少彦名命を勧請し、少彦名神社とする。少彦名命は日本の医薬の神として信仰されているからである。少彦名神社の十一月二十三日の祭礼を俗に神農様といい、この日には虎骨で製した疫病よけの丸薬と五枚笹につけた張り子の虎を参詣者に授与していた。笹につけた張り子の虎は今も配付されている。この虎も疫病よけであるが、盗賊よけにもなるともいわれているし、また腰痛のお守りとして寝所の天井に吊るすこともあるという。

〔註〕同じ季節内で似あうもの、調和して絵になるものの組合わせで諺的にいわれるものに「梅に鶯、紅葉に鹿、牡丹に唐獅子、竹に虎」というのがある。また紀海音作の「おそめ久松　袂の白しぼり」（宝永七年）

竹に虎（尾形光琳画）

という浄瑠璃に「柳桜に松楓、梅に鶯紅葉に鹿、竹に雀や花に蝶、籬《ませ》に八重菊蔦かづら、桐に鳳凰獅子に牡丹」という一節がある。

源氏香の図

源氏香の聞きあたりを図として示したもの。五本の縦線の組合わせ、全部で五二種類の図になる。夫々の図には源氏物語五四帖のうち桐壺と夢浮橋の二巻を除いた各巻の名称を配したもので、図としては単純であるが、それだけに鮮明でデザイン的にも面白いので、家紋にも用いられているし、袱紗や風呂敷の図柄として用いられている。ちなみに源氏香の五二種のうち家紋となっているのは「花散里」と「初音」の二種である。

源氏香は、組香（香合せ）の一種である。香木は仏教と共に中国から伝えられ、当初は仏前に供え香として用いられるものであったが、八世紀頃になると部屋や衣類に香をたきこめて、その香りを楽しむ空薫物《そらだきもの》や香合せなどが流行するようになる。香合せは「香合と云は香を品々あつめてそれを左と右に二つにわけて左方右方とつがひて香をたきて其香のまさりおとりを評判して勝負をわくる也。歌合などの如く判者ありて評判し勝負を立てる事もあり。又衆議判とて其座の人々一同に評判する事も有」と『貞丈雑記』に記されている。源氏香は、五種類の香を夫々五包（五種五炷《ちゅう》）合計二五包みを作り、香元が任意に五包ずつとってたき、他の人びとが聞きわけて、その異同を五本の縦線の組合わせで示す

源氏香之図

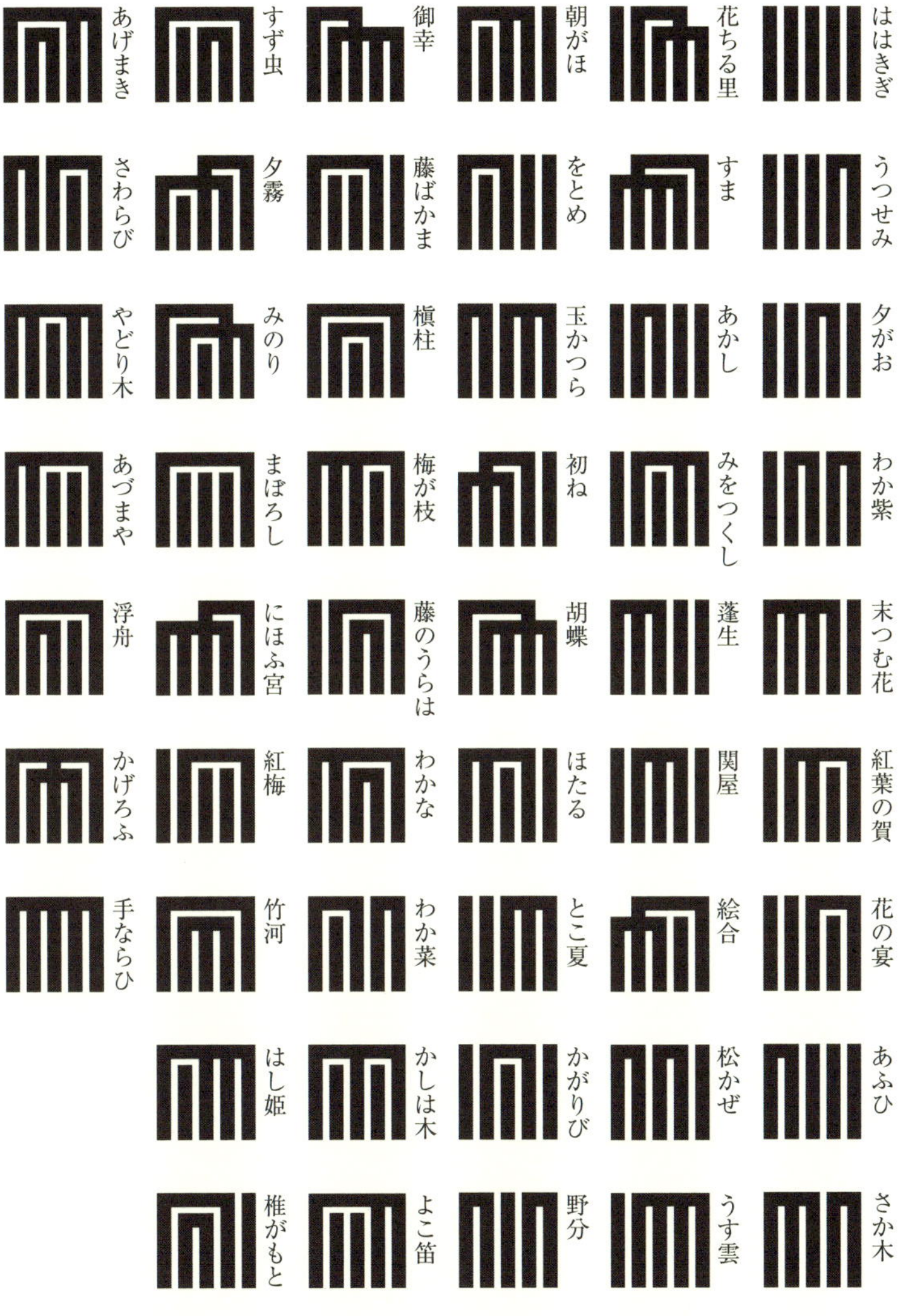

ははきぎ
うつせみ
夕がお
わか紫
末つむ花
紅葉の賀
花の宴
あふひ
さか木
花ちる里
すま
あかし
みをつくし
蓬生
関屋
絵合
松かぜ
うす雲
朝がほ
をとめ
玉かつら
初ね
胡蝶
ほたる
とこ夏
かがりび
野分
御幸
藤ばかま
槇柱
梅が枝
藤のうらは
わかな
わか菜
かしは木
よこ笛
すず虫
夕霧
みのり
まぼろし
にほふ宮
紅梅
竹河
はし姫
椎がもと
あげまき
さわらび
やどり木
あづまや
浮舟
かげろふ
手ならひ

遊びである。これは後水尾天皇（慶長十六〜元和五年・一六一一〜一六二八）の頃に考案されたという。『夏山雑談・五』に「源氏香は香五炷なり。五炷のうち一の香五包、二の香五包、……、合二五包を打交て、何れなりとも其内五包をとり出し、香本より一包づつたきだす。譬ば一二三四五皆かはりたる香ときけば如此図（帚木）を名乗紙に書き、……一三同香にて二四五同香ときけば（匂宮）如此書なり……。如此ききたるおぼへ次第に図をつくれば、自然と五二の図できるなり」とある。

（『くらしの造形　一三―描かれた祈り』　武蔵野美術大学美術資料図書館　平成十四年七・八月）

ここのへの春

よろずよの　はるをかさぬるここのへに
　わきていろそふ　にはのくれたけ（新葉和歌集）

年が暮れ、春が来る。
正月を迎えることは　春を重ねることだった。
なにもかもが、春に始まった。
宮中でも、里でも、春は人びとが待ちにまったハレの日だった。

大祓《おおはらい》

大祓は六月と十二月の晦日に行なわれ、半年間の罪や穢れをぬぐい去るための行事であった。朱雀門の前の路上に西に面して祝師の座が設けられ、また、祓物がならべられた。祓物には、五色の薄絹、緋帛《ひのきぬ》、木綿《ゆう》、麻《お》、枲《からむし》、金装横刀《こがねつくりたち》、烏装横刀《くろづくりたち》、弓、金銀塗の人像《ひとがた》、鍬、鹿角《かのつの》、鹿皮、酒、散米《さんまい》、稲束、槲《かしわ》、鰒《あわび》、塩、水、解縄《ときなわ》、馬六疋、その他があった。未《ひつじ》の刻（のちには酉の刻）に親王以下百官があつまり、儀式は始められる。内侍《ないし》が御贖物《みあがもの》を持ってくる。鉄の人像の他、祓物と同じような品々である。そして、神祇官が切麻《きりぬさ》を五位以上に分ける。次に、祝師が座に着き、祝詞を読む。祝師は中臣氏《なかとみ》がつとめる。ここで、天つ罪、国つ罪の数々を祓い清め、大海原へ持って行っ

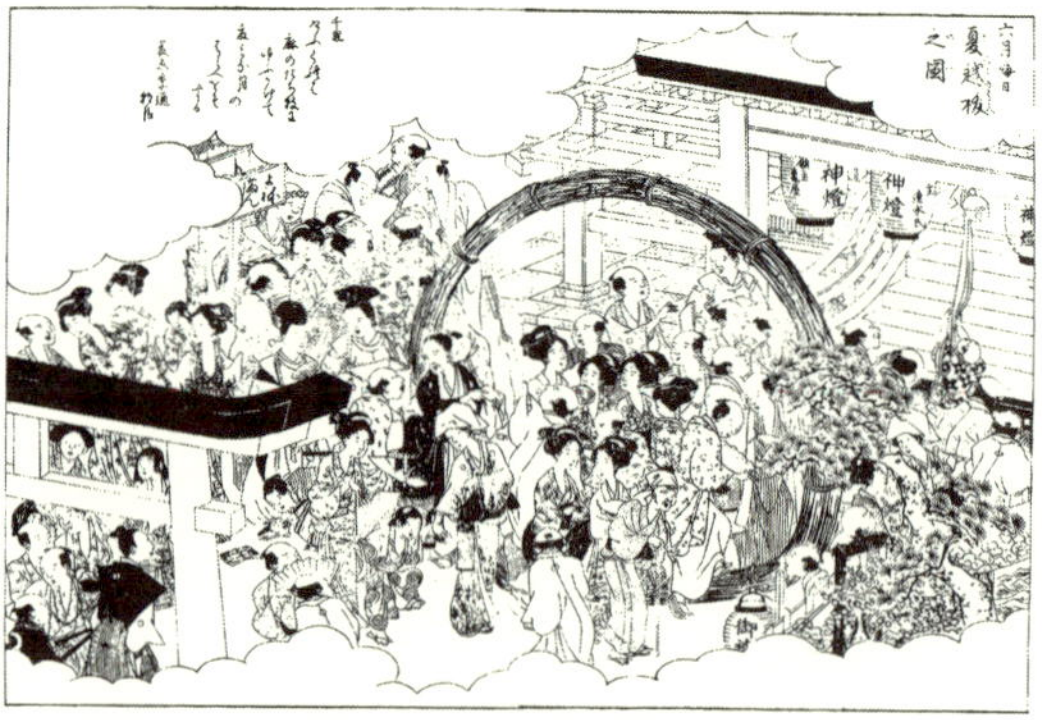

茅の輪くぐり（『年中行事大成』）

てほしいと祈るのである。祝詞が終わると、大麻《おおぬさ》を神祇官以下で分け、儀式は終わった。人像は、穢れを祓いすてる時に用いる撫物《なでもの》、すなわち形代《かたしろ》であった。現在、各地の神社で用いている紙製の人形と同じである。大祓というと、それをくぐると災厄をのがれるといわれる大きな茅輪《ちのわ》が思い出される。『釈日本紀』所引の『備後国風土記』の逸文に、蘇民将来の話に関連して、茅輪を腰につけた人は疫気《えやみ》をのがれ得るとある。この記述をそのまま信ずるとすれば、古くからのものということができるが、茅輪についてが平安朝の文献には見あたらない。『公事根源』には「家々に輪をこゆる事有」とあり、少なくとも中世においては、行なわれていたことは確かである。十二月の大祓は、正月を迎えるための最後の清めをするという意味を持っていたと考えられる。

御魂祭《みたままつり》

御魂祭は追儺《ついな》に先だって行なわれた。『日本霊異記』に奈良山の渓《さわ》にあって人畜にふまれていた髑髏《ひとかしら》を木の上に置いた萬呂《まろ》という者のところへ、十二月の晦日の夕方、その霊が尋ねてきて、今日でなければ恩に報いることができないといって、魂祭の饌《け》の内の自分の分を用意し、共に食したとある。この話は大化二年（六四六）のこととしてあるから、少なくとも七世紀の中頃には行なわれていたにちがいない。藤原実資《さねすけ》の日記『小右記《しょうゆうき》』に、晦日の日の宮中の行事について記して「諸神に奉幣し、次いで御魂を拝す。皆これ例の事なり」とある。魂祭は祖先の御霊を祀るもので、宮中でも各家々でも行なわれていたが、奈良・平安期の具体的な姿を知ることのできる資料はない。行事としては、私的な性格を強く持っていたのかもしれない。各氏《うじ》、あるいは各家ごとに、自らの祖先を迎え、饌を供じていたのであろう。

和泉式部の歌に、

　亡き人の来る夜と聞けど君もなし
　　我が住む宿は魂無きの里（後拾遺集）

とあるが、このような私的な発想の生れ得る土壌を魂祭は持っていたのである。

晦日以前に、吉日をえらんで行なわれていた行事に荷前《のさき》がある。これは、勅使を十陵八墓につかわして奉幣するものである。荷前を含めて、十二月は祖先に対する関心の強い月であったといえよう。ところで、現在、東北地方などで多く行なわれている行事に、ミタマノメシと呼ばれているものがある。晦日の夜、白米の飯を山盛りにして、それに箸を立て、祖霊に供えるのである。ちょうど、死者に供える枕飯のようなものである。飯の盛り方、箸の立て方、また、供える場所などはさまざまであるが、箸は来るべき新しい年の月の数を立てるというところが多いようである。死の穢れを忌む新年にあたって、枕飯と類似のものを作るのは、それが霊を迎える方法であったからであろう。そして、新しい年の月の数だけ箸を立てるというのは、これからの一年の生活を守ってくれる神として祖霊を考えていたからで

ミタマノメシ

はないだろうか。晦日の夜、あるいは元日に墓参りをする行事が九州にあることはよく知られているが、年頭墓参は京都などでもかなり行なわれているのである。正月と祖霊とは、現在においても心の底で深く結びついているのではないだろうか。

追儺《ついな》

おにやらい、なやらいなどともいわれる追儺は、悪鬼を追い払う儀式で、中国から伝えられたものと考えられている。中国では、すでに孔子の時代に儺が行なわれていた。それは、『論語』の〝郷党篇〟に「郷人の儺には、朝服して阼階《そかい》に立つ」とあるのによって知ることができる。この一節について、貝塚茂樹氏は、孔子は祖先の霊を招き下ろして追儺の列に応対したと解しておられる。これは、わが国において、御魂祭につづいて追儺が行なわれたことと対応する。宮中においては、この日戌の刻（のちには亥の刻）天皇は紫宸殿に出御なされ、陰陽寮の官人が桃の弓と葦の矢とを親王以下の参加者にくばる。斎郎《さいのう》が庭上に五色の薄絁《うすぎぬ》、飯、酒、堅魚《かつお》、塩、海藻《め》、その他の供物をならべると、陰陽師が祭文を読む。その祭文に、「穢《きたな》く悪《あし》き疫鬼《えやみのおに》の所所村村に蔵《かく》り隠《かくら》ふるをば、千里の外、四方の堺《ほとり》、東方陸奥、西方遠つ値《ち》嘉《か》、南方土佐、北方佐渡よりをちの所を、なむたち疫鬼の住かと定め賜ひ行け賜《ま》ひて、五色の宝物、海山の種種《くさぐさ》の味物《ためつもの》を給ひて、罷《ま》け賜ひ移り賜ふ所所方方に、急《すみやか》に罷《しりぞ》き往ねと追ひ給ふ」とある。たしかに悪鬼を追い払う意図を持った祭文で、ここに追儺という儀式の性格が明確に示されているといえる。しかし、五色の宝物などを供えているところ、また言葉の使い方などからみて、そのようにきめてしまうことにも問題はあるように思える。『常陸国風土記』の行方郡《なめかたのこおり》の項に、麻多智《またち》という者が開墾して田をつくり、標《しめ》の梲《つえ》を立てて「ここより上は神の地となすことを聴《ゆる》さむ。ここより下は人の田と作《な》すべし。今より後、吾は神の祝《はふり》となりて、永代《とこしえ》に敬ひ祭らむ。冀《ねが》はくは祟《たた》ることなく、恨むことなかれ」と述べ、社を設けて祭りを行なったという話が載っている。この記述と先の祭文とは、人間と異次元の存在とを明確に区別してゆこうとする点で類似の発想を持っている。『古事記』に鬼は登場しない。それは、我々の祖先が悪鬼そのものは発想しなかったということを示しているのではないだろうか。追儺で追われる鬼も、もともとは神と呼ぶにふさわしいものであったかもしれない。祖霊を呼び、そのなかの荒ぶる神には供物を捧げた上で帰っていただくといった考えに中国の儀式が重なってきたとみることもできるのではないだろうか。ところで、陰陽師の祭文がすむと、黄金の四つ目の仮面をつけた方相氏《ほうそうし》が楯と戈《ほこ》を持って目に見えない鬼を追い、つづいて群臣も矢を放って鬼を追い払い、追儺は終わるのである。ここでは鬼は姿を現わさないの

亀戸天満宮の追儺（『東都歳時記』より）

である。平安末期になると、四つ目の方相氏が、異形であるがために鬼と考えられ、群臣は方相氏に向かって矢を射るようになるのである。この追儺は、いうまでもなく、現在我々の家庭で節分に行なっている豆まきの行事である。豆まきの行事で興味深いことは、「福は内、鬼は外」といいながら、福神のイメージを我々が持っていないことである。そこには、先に述べたような歴史的経過があるにはちがいないのであるが、一方で、我々の祖先がそもそも対立する二者を考えてはいなかったということも考慮せざるを得ないであろう。桃太郎、一寸法師、大工と鬼六、まめなじいさまとせやみじいさまといった昔話に登場する鬼は、結果的にはむしろ主人公に福を授けている。「鬼は外」といいながらも、その鬼に福を与えてくれる神をもみていたのではないだろうか。秋田のなまはげの鬼は恐ろしい鬼であるにはちがいないが、しかし神格を失ってはいない。また、この時の豆を福豆あるいは年取豆といい、年の数だけ豆を食べたり、豆を焼いて年占を行なう所が多い。それは、この行事が、新しい年と深くかかわっていたことを示しているといえよう。『延喜式』によると、追儺に参加しなかったものは元日の節禄をもらうことができないという。追儺は、元旦を迎えるための必要欠くべからざる行事であったと考えられる。

四方拝《しほうはい》

元日の宮中の行事は四方拝に始まる。天皇は早朝寅の刻に清涼殿の東庭に出御される。そこには屏風が立てまわしてあり、半帖の座が三所設けられている。天皇は、皇太子・大臣・侍従等が列席するなかで座に着き、その年の星である属星《ぞくしょう》と天地四方と父母の山陵とをそれぞれ座を替えて拝するのである。父母の山陵を拝するということは、正月の神が祖先神であったことを暗示してはいないであろうか。

つづいて辰の刻に朝賀が始まるが、それまでの間に、天皇は歯固《はがため》と供御薬《みくすりをぐうず》とを行なう。天皇は、清涼殿の昼の御座《おまし》に、その年の吉方《えほう》に当る色である生気《しょうけ》の色の御衣《おんぞ》を着て出御され、健康の増進と長寿を願って譲葉《ゆずりは》を敷いた膳に大根・味醤漬瓜《あまひしおづけ》・糟漬瓜《かすづけ》・鹿肉・猪肉・押鮎・煮塩鮎など七杯《つき》の食物を並べ、食するのである。それを歯固という。食物の内容は資料によって一定していないが、大根は重要で必ず用意されている。なお、餅が歯固のなかに含まれるようになるのは室町時代以降のようである。現在、各地に歯固の行事があり、餅の外に大根・蕪・串柿・押鮎などが食されている。また、正月の餅を氷餅・干餅などにしておいて、六月一日か夏至《げし》の日に食べるのを歯固といっている地方もある。

供御薬は、いわゆる屠蘇散《とそさん》を典薬寮《てんやくりょう》より供する行事である。十二月の晦日の夕方、緋色の絹の袋に人参・甘草《かんぞう》・桂心・白求《おけら》・大黄・附子・蜀椒《はじかみ》・桔梗・芍薬などの薬を入れて井戸につけ、元日早朝とり出し、酒にひたして献上するのである。まず薬子《くすりこ》といわれる少女が飲み、つづいて天皇が立って飲まれた。一献が屠蘇散、二献が白散《びゃくさん》、三献が度嶂散《どしょうさん》であったという。『公事根源』に「一人是をのみぬれば一家に病なし。一家に是をのみぬれば一里に病なし」とある。現在でも、健康を祈願して、屠蘇散は多くの家庭で飲まれている。

朝賀《ちょうが》

朝賀は、天皇・皇后が百官の新年の賀を受けられるもので、宮中における正月行事のなかで最も重要な儀式である。辰の刻、天皇・皇后は大極殿に出御され、高御座《たかみくら》に着かれる。威儀命婦《いぎのみょうぶ》が帳《とばり》をあげ、主殿寮と図書寮の官人が香を焚く。百官は礼服を着して庭上に参列している。儀式を司る典儀《てんぎ》が再拝を唱え、百官は再拝する。次に皇太子が賀のことばを奏し、侍従が宣命を読む。再び百官の再拝があって、奏賀《そうが》の者が賀を奏し、奏瑞《そうずい》の者が白狐や白雉などの国々から送られためでたい品々について奏上する。つづいて、奏賀の者が宣命を読む。百官は拝舞《はいむ》をし、武官は旗を振り、萬歳を称える。再び一同再拝し、高御座の帳はおろされ、儀式は終わる。この儀式は、延喜頃より次第に行なわれなくなり、それに代わって小朝拝《こちょうばい》が盛んに行なわれるようになる。小朝拝は、六位以上の殿上人が清涼殿の東庭に列立し、殿上の天皇に対して拝舞を行なうもので、朝賀が公儀であるのに対して、私儀というべきものである。

元日節会《がんじつのせちえ》

朝賀が終わってしばらくすると、豊楽院《ぶらくいん》（のちには紫宸殿）で節会が行なわれた。元日節会は、天皇とともに百官が食事をし、酒を飲み、天皇からそれぞれ節録を賜わるところに中心をおいた行事である。この行事によって、天皇と臣下の関係がたしかめられたということができるであろう。祭における直会で、人びとが神とともに飲食することによって、その神に守られると同時にその神に奉仕する共同体の成員であることを確認しているように、天皇と百官との共食は重要な意味を持っていたのである。

まず諸司奏《しょしのそう》が行なわれた。陰陽寮より七旺を注記してある具注《ぐちゅう》暦《れき》が献じられ、つづいて宮内省から氷の厚さが奏上された。それを氷様《ひのためし》といい、氷の厚いことは豊年のしるしと考えられていた。次は腹赤奏《はらかのそう》で、太宰府から魚が献上される。『江家次第』によると、腹赤は鱒のことであるというが、たしかではない。諸司奏が終わると、一同は内弁《ないべん》の指図で昇殿し、再拝する。元日節会の指揮をとるのは左大臣で、内弁といった。そして、一同に酒饌《しゅせん》が出されたのである。まず御膳が出され、つづいて三献の儀が行なわれた。一献では、吉野の国栖《くず》が歌笛を奏し、贄《にえ》を献上する。二献では御酒勅使《みきのちょくし》が酒を勧め、三献では雅楽寮の楽人が庭で立ちながら楽を奏する。これで宴を終わり、一同が降殿すると、宣命使が宣命を読む。百官は拝舞し、禄を賜わり、退出するのである。これで元日節会は終わった。

朝勤行幸・天皇の出発（『年中行事絵巻』より）

朝勤行幸《ちょうきんぎょうこう》

正月二日、天皇が上皇・皇太后のもとへ行幸され、挨拶される儀式を朝勤行幸という。二日には、後宮と東宮の二宮に群臣が拝賀に参る二宮大饗《にぐうのだいきょう》もある。群臣は二宮でそれぞれ宴を賜わるのである。また、二日には、大臣の私邸でも宴が設けられ、親王などが招かれた。それを母屋大饗《もやのだいきょう》といった。この宴の第一の客を尊者といい、非常に尊び、『江次第抄』によると、藤原氏の氏の長者では、冬嗣《ふゆつぐ》より伝わる朱器台盤を用いて接待したということである。氏の長者では、一族を統合しての正月の祭が行なわれていたにちがいない。そこには、その氏を守る神がやって来たのであろう。この宴は、折口信夫氏が述べておられるように、その正月の神を迎える儀式の変質したものと考えることができるであろう。

子日《ねのひ》の遊び

正月の初めの子の日に、野に出て若菜をつみ、小松を根びきにして遊び、宴を行なった。そして、若菜の羹《あつもの》を食したのである。これは、現在、三月三日の節供を中心に行なわれている山遊・磯遊に通ずる行事といえるであろう。村中の人びとが、山へ登り、あるいは浜に集まって宴を開くのである。沖縄県で行なわれている三月遊は、女性だけが浜辺で宴を開くものであるが、神に仕えるものとしての女性の特性を考えると、これらの宴について、人間が神の世界に近いところまで行って神と共食するためのものであったということができるであろう。若菜を食すというのは、神の世界の菜を食すことによって、神と同じような力を得ようとするものであり、小松をひくのも、神聖な植物である松に親しく接するところに意味があったのではないだろうか。

子日の遊と同様の行事に供若菜《わかなをぐうす》があった。正月七日に、七草の羹を食す行事である。七草の種類は資料によって一定していないが、『公事根源』には、薺《なずな》・はこべら・芹・菁《かぶらな》・御形《ごぎょう》・すずしろ・仏の座の七種をあげている。なお、この日に食するものが、現在多くの家庭で用いられている、いわゆる七草粥となったのは中世になってからのようである。七草は『師光《もろみつ》年中行事』に「正月七日、七種の菜を以て羹を作り之を食せば、人をして万病なからしむ」とあるように、年中無病を願って食されたのである。

白馬節会《あおうまのせちえ》

前項の七草は、宮中でも行なわれたが、内々の儀であり、公の記述は中世になるまでみられない。しかし、同じ七日に行なわれた白馬節会は、宮中の公の儀式であった。七日には、古くから宮中で宴が行なわれていた。『日本書紀』の景行天皇五十一年の条以降、七日の宴についての記述は多い。そして、天平頃より、その宴に馬が登場しているこ

白馬節会（『年中行事大成』より）

とが記されてくるようになり、次第にその馬そのものを見ることが儀式の中心となってくるのである。この変化について、正月七日に青馬を見れば年中の邪気を除くことができるという中国の考えの影響で馬に中心がおかれるようになったといわれている。馬を見る儀式となったのは中国の影響かもしれないが、馬はもともとこの宴には登場していたのではないだろうか。現在、多くの神社に神馬堂などがあり、現実に馬を飼っていたり、馬の像を安置していたりする。これは、神が馬にのってくるという考えがあるからである。馬がひき出されるのは、それにのっている神を迎えて宴をしようとしていたからではないだろうか。六日年越・七日正月と呼ばれる行事があることも、この日が神を迎える日であったことを示しているといえよう。

白馬節会は豊楽院（のちには紫宸殿）で行なわれた。当日、巳の刻頃、天皇が出御されると、まず御弓奏《みたらしのそう》があって、兵庫寮より弓と矢が献上される。次いで、百官が参入して座

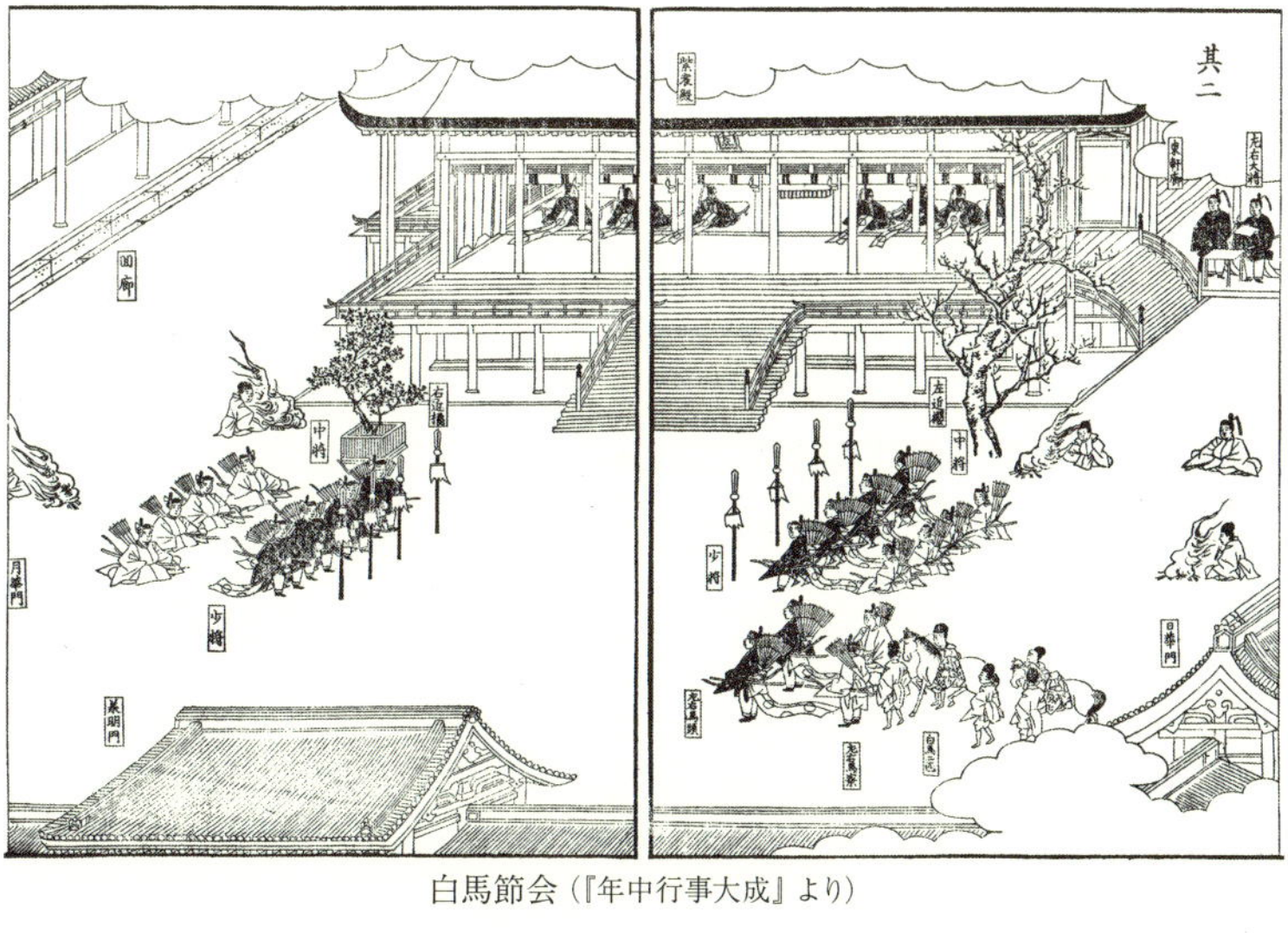

白馬節会（『年中行事大成』より）

に着く。一同再拝し、宣命使が宣命を読み、再び再拝があって後、式部卿が位記をとり、叙位《じょい》を受ける人びとの名を呼ぶ。位階を叙せられたものとその親族は拝舞を行なう。ここで馬が左右の馬寮《めりょう》の官人によって、七疋ずつ三回にわたって二十一疋ひき出される。それを御覧になり、つづいて御膳が供せられる。一献に国栖奏があり、次いで内教坊の女楽《じょがく》が行なわれた。女楽が終わると、一同拝舞をし、節禄を賜わって退出し、節会は終わった。

あおうまを白馬と記すことについて、もとは青馬であったが、後に白馬を用いるようになったからであるという説もあるが、不分明である。

卯杖《うづえ》

正月の初めの卯の日に、大舎人寮や近衛府・兵衛府などから、紫宸殿に出御された天皇に、五尺三寸に切った杖を献ずる儀式を卯杖とか御杖《みつえ》とかいう。杖は、曾波木《そばのき》・比比良木《ひいらぎ》・棗《なつめ》・梅・桃・椿・木瓜《ぼけ》などで作り、頭を紙でつつんであった。これで邪気をはらうといわれている。この杖は一種の依代であり、十五日に行なわれた御薪《みかまぎ》の儀と通ずるものであろうと思われる。

御薪は、百官が薪を天皇に献上する儀式で、一般に年木《としぎ》と呼ばれているものと同じものと考えられる。この薪は、宮中の一年間の燃料として用いられたが、この儀式の心は、薪を用意することによって神を迎える準備が整ったことを神に示すと同時に、十五日の祭事に用いる諸種の木を用意するところにあったにちがいない。年木は、現在、各地で、新年の火だねを作る木としたり、望の正月の粥を煮たり、餅花の木としたり、門松の根もとに立てたりするのに用いられている。御薪は、望の正月が宮中においても重要であった時代の名残であろうと思われる。

望粥節供《もちがゆのせっく》

御薪で、まず望粥がたかれ、天皇に供された。この粥を七草粥ともいい、米・粟・黍・稗・葟子《みの》・胡麻・小豆の七種をたいたものであった。現在、十五日に小豆粥を食べるところが多いが、『土佐日記』にも十五日の小豆粥についての記述があり、古くから米と小豆に中心があったことを知ることができる。先の七種は、我々の祖先にとっては重要な食物であったにちがいない。

この望粥を煮たあとの薪を粥杖といい、それで女の尻を打つと子供が生れるといわれていた。宮中の女房たちは、『狭衣物語』などによると、粥杖をかくし持って互にうかがいあい、大さわぎをして遊んだということである。この薪は神の木であり、それ故に、生産についての呪力を持っ

年木売り（『西行物語絵巻』より）

嫁叩き（『年中行事図説』より）

ていたのである。現在嫁叩きなどの行事でこの粥杖が生きている地方もある。

踏歌節会《とうかのせちえ》

正月の十六日に、元日節会に準ずる規模で行なわれた行事に踏歌節会がある。初めは男女ともに十六日に行なわれていたが、のちに、十四日に男踏歌、十六日に女踏歌が行なわれるようになり、更に永観年間（九八三〜九八五）に男踏歌が中止され、それ以降は踏歌節会というと女踏歌を指すようになる。

十六日、天皇が豊楽殿（のちには紫宸殿）に出御されると、親王以下百官が参入し、座に着く。そして、御膳と御酒が供されるところは元日節会と同じである。一献に国栖奏があり、大歌《おおうた》があって、踏歌となった。踏歌が終わると、百官は拝舞をし、宣命使が宣命を読み、再び拝舞があって、一同禄を賜って退出し、節会は終わった。しかし、退出後も所々で踏歌を行ない、明け方まで京の街でさわいだという。

踏歌は、文字にあるごとく、庭上を歌をうたいつつ踏んでまわるものであり、踏むことによって大地を鎮め、豊かなみのりを祈願したのである。のちの式三番《しきさんば》や盆おどりに通ずるもので、豊禄を祈願する儀式であり、まさに新春にふさわしいものであった。

（平安時代初頭の宮中における年中行事を中心において略述するもので、参考資料は文中に記したものの他に、『貞観儀式』、『北山抄』、『建武年中行事』、『年中行事抄』を参照）

（『あるくみるきく』九五号　日本観光文化研究所　昭和五十年一月）

祈願の諸相

――生駒聖天様の絵馬にみる

生駒の聖天様

宝山寺は生駒山の中腹にある。生駒山塊は大和盆地と大阪平野を境する位置にあり、そのゆるやかにつらなる山相はおだやかで美しいが、山中にはかなりけわしい岩肌をむき出しにした斜面や深くえぐられた谷が各所にあり、岩窟や滝になっているところも多い。こうした場所は山岳宗教者の修行に適したところであったから、古くから行場としてひらかれ利用されていた。

この山中から山麓にかけての一帯には信仰に関係した建造物その他が実に多い。その中にはすたれてしまったものもあるが、いまもなお生き続けてさかんに活動しているものが少なくない。その代表的なものが信貴山の毘沙門天であり、石切の剣《つるぎ》箭《や》神社であり、そしてここでとりあげる生駒の宝山寺である。

宝山寺は生駒山の中腹にある般若窟を背にして建立されている。『大和名所図会』によると般若窟は役小角修行の霊窟と記されており、古くから修験者の行場としてひらかれていたもののようであるが、現在の寺は延宝六年（一六七八）に宝山律師湛海によっておこされたものとされている。そして、

「本堂の中尊は不動明王、左右は矜羯羅《こんがら》 制吒迦《せいたか》 地蔵観音也―宝山の作、歓喜天祠―本堂の後にあり、
常念観音堂―本堂 坤《ひつじさる》 の隅にあり、雲上閣―本尊虚空蔵弥勒仏―乾《いぬい》の隅岩腹にあり、弁財天社―
旧より此上の鎮守也　役行者堂―行者の洞にあり　十三級石塔婆―岩頂の上にあり内に仏舎利及
三千仏名の銘あり」（『大和名所図会』）

と記されているように、不動明王を本尊とする真言律の寺であるが、一般に「生駒の聖天様」あるいは、

たんに「ショウテンさん」とよばれ、本堂わきにある歓喜天をまつる聖天堂が広い信仰をあつめており、その名で知られている。寺記によると、東山天皇（貞享四年〜宝永五年・一六八七〜一七〇八）がこの歓喜天に祈願して皇子をもうけたと伝え、また徳川七代将軍家宣《いえのぶ》もこの歓喜天の加護によって生れたという。そうしたこともここの聖天信仰をひろめる理由になったと考えられるが、近世の比較的早い時期から近畿地方を中心とする一般民衆の中にひろく信仰されていたものの如くである。

歓喜天は一名象鼻天ともいわれる象頭人身の神で、ヒンズー教のガネーシャ神に由来するといわれている。ガネーシャはヒンズー教の最高神のひとつとされるシヴァ神の息子で、シヴァの従者たちの主であり、種々の障害をとりのぞくという役割を与えられており、物事をはじめるときに祝福される（山崎利男『神秘と現実―ヒンドゥー教』一一七頁）というが、日本では生殖神として夫婦和合、子授け、嫉妬を司り、また病災を除き富貴を与える神として信仰されている。

ショウテンさんの像はさきにのべたように象頭人身ということでは共通しているが、さまざまな姿をしており一様ではない。中に、左手に大根を持ち、右手に歓喜団子を持っているものがある。歓喜団子は穀粉に菜種などをまぜて油であげた歓喜天の供物であるが、これを貰って帰り近所に配ると、それを食べた人の福が皆自分に集まってくるといわれている。大根は人間の味がするといわれ、聖天さんが好む供物のひとつとされており、大根を二本交差したいわゆる「違い大根」が聖天さんの紋となっている。

こうしたことから二股大根を聖天さんに供える風はひろくみられたし、また二股大根や違い大根を描いた絵馬を聖天さんに奉納することも多い。

聖天信仰は広く分布しており、それを祀るところは多いが、中でもここでとりあげた宝山寺の聖天様は最も広く信仰されているものであろう。

ショウテンさんは真剣に願い事をすれば、必ずかなえてくれるという。しかし、とても激しい神さんで、子孫七代の福を一代に奪ってしまうことにもなるのだとも伝えられている。

錠絵馬

七代の福を奪ってしまうものであっても現世の憂苦をさり、福を得ることができればと考えるのであろうが、ここに参詣し、祈願をこめる人はきわめて多く、正月の初詣、四月の護摩供養の時期を中心に参詣する人びとは年に二百万人を超えるという。そしてここに詣る人びとは有名で観光地化した寺社に参拝する人たちとはかなり異なっている。いわゆる見物ついでの参拝ではない。そのことは境内に入ればすぐわかる。真剣に何事かを祈願する人びとである。参拝する表情も真剣そのものであるし、祈っている時間もきわめて長い。切実な願いをもった人びとであることがよくわかる。そのことは、ここに奉納されているたくさんの絵馬を見ることによってもわかる。

石燈籠がびっしり並んだ参道を登り、山門をくぐった左手に絵馬奉納所がある。奉納して何年かたったものは大護摩を焚く時に供養するということで、古いものはないが常に五、六百枚の絵馬は奉納されている。参道にならんで仏具屋や煙草屋で売っている絵馬を買ってきて奉納するものであるから、図柄はきまっている。さきにあげたように、聖天の紋どころとなっている「違い大根」、「酒樽と盃」に錠を掛けた図、「煙草とキセル」に錠を掛けた図、それに「心」という字に錠を掛けた図の四種のものが見られる。違い大根を除いては、いずれも「錠物絵馬」とよばれているもので、以前は「女」という字や「サイコロ」に錠を掛けた図などもあったというが、少なくとも昭和四十九年、五十二年に訪れた時には見かけなかった。現在売られている四種の絵馬のうち、図柄で圧倒的に多いのは「心」に錠をかけたもので禁酒、禁煙といった具体的な祈願内容が図柄によってしめされているものは少ない。違い大根もきわめて稀であった。ちなみに女に錠は女断ち、あるいは浮気封じを意味しており、サイコロに錠は賭事禁止の祈願である。また、違い大根の場合には聖天様の好む大根を供えると同時に、大根を食べることを断って精進し、神助を得ようとする意志を含めているし、祈願内容としては二股

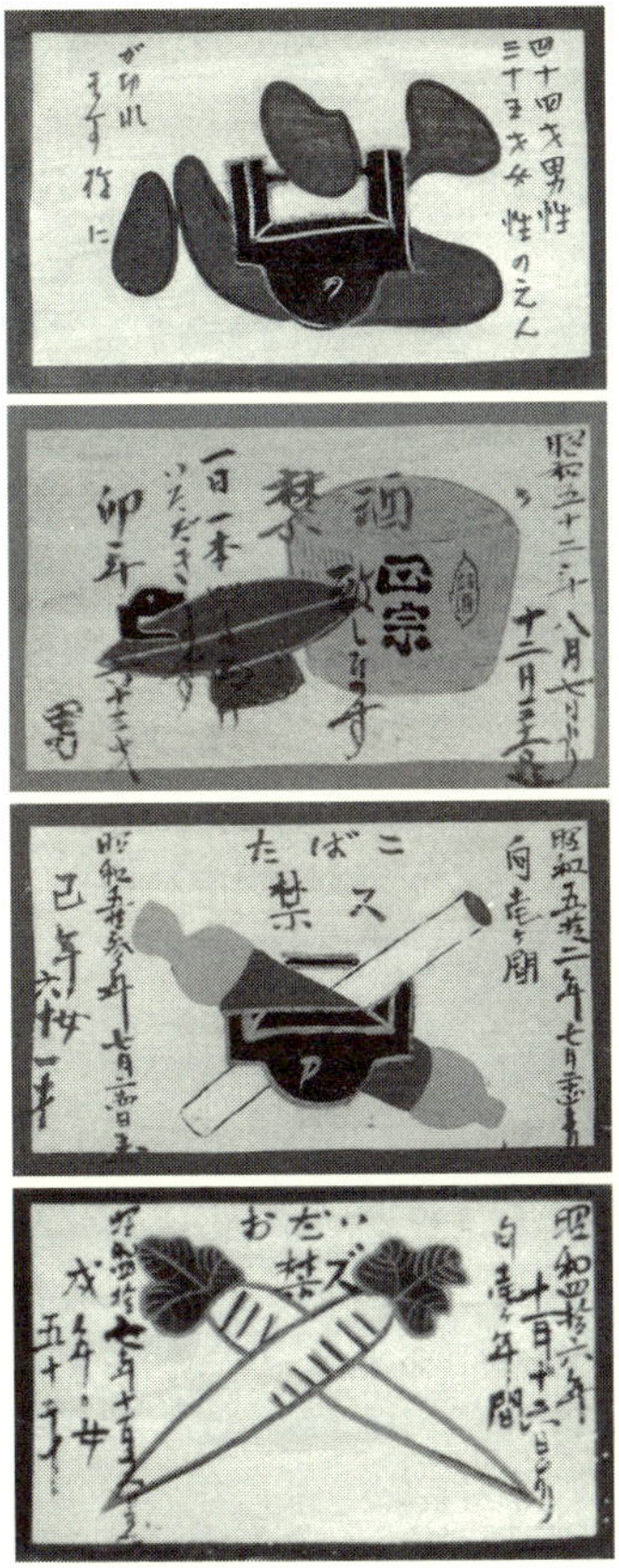

錠絵馬と違い大根絵馬

大根からの連想で子宝祈願、夫婦和合などを祈願することが多いとされている。心に錠の場合はより一般的に心をひきしめて精進いたしますからお助け下さいというのであろう。

生駒の聖天様に奉納される絵馬は錠物絵馬が多いという点で特色がある。それは図柄をみるだけで祈願内容を推測できるのだが、現在では何にでも通用する心字に錠が多いということで図柄だけから内容を推測することはできなくなっている。しかし、そのかわり図柄にはあまり関係なく、祈願内容をより具体的に文字で記載しているものが多数ある。

以下、生駒の聖天様に奉納されていた絵馬を中心にその内容をみてゆくことにしよう。

ここで資料として使用するのは昭和五十二年十月十二日現在、奉納されていた絵馬のほぼ全てを写真撮影し、それを解読したものである。

祈願内容の概観

同日、撮影した絵馬の総枚数は六四三枚で、図柄別にみると「違い大根」二枚、「煙草に錠」二八枚、「盃に錠」三八枚、残り五七三枚は「心に錠」で、圧倒的に「心に錠」が多い。また、図柄が「煙草に錠」、あるいは「盃に錠」の絵馬は概して禁煙、禁酒が多いけれども、すべてがそうとは限らないので、祈願内容の解読にあたっては図柄にとらわれず、記載されている文字をよりどころとした。たとえ煙草に錠の図柄であっても、禁煙と書いてなければ禁煙に分類はしていないし、何種類かの祈願内容を記載してある場合には、そのうち最も中心になると考えるものをとった。たとえば「事例1」の場合は「縁切り」に、「事例2」の場合は「開運健康」に分類するというようにした。従って祈願内容の分類には主観がはいっている。

〈事例1〉 心に錠

昭和五十二年五月一日より向う一年間、禁煙をちかいます。

夫の他の女性との仲をなんとかえんまんに解決つけてくれます様に

なんとか一年間の間に別れてくれます様願います　この間私は禁酒します

夫婦仲良　一生送れます様に

昭和五十二年五月一日　　氏名（女）

〈事例2〉 心に錠

子供が一人前になる迄親として生きていてやりたい

自分からノイローゼになって命を捨てぬように

過去のことを忘れたい、いつまでも私のそばにいてくれるように！

このままの生活がつづけられるように

（ギャンブルをやめられるように）

生年月日　　氏名（男）

昭和五十二年四月二十日

大まかには以上のような規準で一枚ずつ解読してゆき、類似のものを集めるという形で分類した結果をしめしたものが「第1表」である。総枚数六四三枚のうち、祈願内容の記載がなく不明なもの(これは数枚であった)、文字が流れたり、薄れたりで読み得なかったもの七一枚を除いて八九%弱の五七二枚が解読できた。

「第1表」でわかるように祈願の内容は実に多様である。読んでゆく過程で意味のつかみにくいものや、たとえば「事例2」にあげたようなものをこまかくわけてゆけばさらに多くの項をたてる必要があるし、聖天様の御利益として一般に考えられている範囲の中に納まらないようなものもかなりでてくる。しかし、そうした多様な祈願内容を持っている聖天様の絵馬であっても、「天下泰平」「国家安穏」といったいわゆる公的なものは全くといってよいほどみられない。比較的公的な性格を持った

第1表　祈願内容の男女別件数

祈願内容	総数	男	女	その他	不明	祈願内容	総数	男	女	その他	不明
1 商売繁盛	33	15	15	2	1	11 縁切り	28	2	20	1	5
2 仕事出精	2	1	1			12 浮気封じ	29	18	9	1	1
3 開運・健康	9	5	3		1	13 足止・帰宅	6	2	2		2
4 家内安全	23	9	9	1	4	14 賭事禁止	129	111	9	1	8
5 夫婦円満	10	1	1	7	1	15 薬禁止	22	15	2		5
6 和合	2	2				16 禁酒	82	57	16		9
7 子宝授与	3	1	2			17 禁煙	32	16	15		1
8 病気平癒	56	23	26		7	18 断ちもの	27	11	15	1	
9 学業・就職	44	25	16	3		19 その他	15	8	7		
10 良縁・縁結	20		18	2		合計	272	322	186	19	45

ものとしては「組が発展します様」にというのと「手描き絵帯の会が順調に発展」するように祈願した例だけで、それ以外は個人的なもので、「私（祈願者）」か、「私の家族・親族」、「私の仕事・会社」といった範囲に限定されている。これは聖天様の奉納絵馬ではなく、小絵馬奉納の全般的傾向と考えてよいように思われる。つまり小絵馬奉納は私的な祈願についてなされるものが多い。

つぎに奉納者の性別についてみると、全体では女性三二・五％、男性五六・三％となっており、男性の割合がかなり高い。祈願内容別にみても女性が男性を上廻っているのは病気平癒、縁切り、断ちものの三種だけで、それ以外は男が多くなっている。今までかなり多くの寺社祠堂に奉納されている小絵馬をみての漠然とした感じでは女性の割合が多いように思っていたのだが、この傾向はもう少し他と比較してみないと何ともいえない。ただ聖天様の場合は賭事禁止、禁酒、禁煙などの祈願が多いということから、ほかよりも男の割合が高くなっているということはいえるかも知れない。なおその他とあるのは夫婦、家族、友人等男女複数で奉納したものである。

つぎに奉納者の年齢について、その分布状況をみると「第2表」のようになっている。年齢や生年月日以外に干支を書いているものがかなり多いが、干支による年齢推定はしていない。干支による年齢表示は男よりも女の方に多くみられた。男女共に三十歳台から五十歳台までに集中しているという点では共通しているが、そのピークをなす年齢層が男の場合には四十歳台であり、女の場合は五十歳台にあるという点で少し違いがみられる。なお男の場合で、数の多い賭事禁止、禁酒についてみると四十歳台の中でも四十歳から四十四歳までが最も多くなっている。これは商売繁昌・夫婦円満も同様である。社会的にも家庭的にも、この年代は男にとって大きな転期になる時期であることが、こうしたところにもあらわれているようである。十歳以下の層は入試合格を含めて学業成就を祈願したものがやはり大部分をしめている。また年齢の分布からみて二十歳、三十歳という層にもかなりの割合がみられるのはいささか意外であったが、あらためて信仰の根強さを考えさせる。

「事例1」によってもわかるように、祈願をする場合に、その願いがかなえられるまで、あるいは一定期間、自分の好きなものなどを断って精進する、あるいは誠意を示すという例がかなり見られる。「第1表」で祈願内容のひとつに「断ちもの」の項を設けているが、これは祈願の目的は別にあって、それをかなえて貰うために何かを断つものであり、本来は別にすべきものである。ま

第2表　祈願者の年齢別分布

	男	女	合計	男	女	合計	男	女
10歳未満	1	4	5	0.27	1.08	1.34	0.41	3.31
10－19歳	17	11	28	4.57	2.96	7.53	6.97	8.59
20－29歳	39	15	54	10.48	4.03	14.52	15.98	11.72
30－39歳	54	26	80	14.52	6.99	21.51	22.13	20.31
40－49歳	84	26	110	22.58	6.99	29.57	34.43	20.31
50－59歳	28	31	59	7.53	8.33	15.86	11.48	24.22
60－69歳	19	11	30	5.11	2.96	8.06	7.79	8.59
70－79歳	2	3	5	0.54	0.81	1.34	0.82	2.34
80－89歳								
90－99歳		1	1		0.27	0.27		0. 78
合　　計	244	128	372	65.59％	34.41％	100％	100％	100％
	（人数）			（全体での比率）			（男女別の比率）	

た禁酒、禁煙あるいは賭事禁止の場合にも、それらを止めることが目的となっている場合と、それがいわゆる「断ち」の一種である場合が含まれている。「断ち」の一種であることが「事例1」のように明確な場合にはこの中には含めなかったが、

〈事例3〉　煙草に錠

禁煙　昭和五一年六月六日より、昭和五二年六月五日迄

生年月日　　氏名（男）

のような場合にはどちらとも判別つけかねる。実はこういう種類のものが禁酒、禁煙、賭事禁止の場合にはきわめて多いのである。ともあれ、祈願にともなって何かを断つ件数をみると、「断ちもの」一二七件を含めて、一二九件、その性別内訳は男四五、女六四、不明二〇という割合になって、女性の方がその割合が高くなっている。この傾向、あるいは先にあげた干支による年齢表示などの傾向からみて、女性の方がより古風を守る傾向がみられるといえそうである。さらに断ちものの内容についてみると「第3表」のようになる（第3

第3表－1　断ちの種類別件数（1）

断ちの内容	件数	断ちの内容	件数
大根	9	煙草・肉	1
大根・茶・コーヒー	2	肉	1
大根・肉	2	酒	13
大根・煙草	1	賭事	3
茶	18	たこ	2
コーヒー・紅茶	12	菓子	2
茶・コーヒー・紅茶・牛肉・ビール	1	砂糖	1
		人参	1
コーヒー・砂糖	1	漬物	1
コーヒー・ウナギ	1	ナマモノ	1
煙草	21	タマゴ	1
煙草・賭事	2	女	1
煙草・酒	3	テレビ	1
		合計	102

表の2は「断ちもの」二七件についてみたものである)。

同じ祈願で大根と煙草というように複数のものを断つ例もかなりあるが、それらを別々に数えて延件数でみるとつぎのようになる。

大根　一五件
茶　二三
コーヒー・紅茶　二一
（一枚の中でコーヒー・紅茶を断っているものは一件として数える）
酒　二〇
煙草　二九
甘味類　七（砂糖、菓子）
肉　六
魚　三
米・寿司　三
麺類　三
その他の食物　一〇

第3表-2　断ちの種類別件数（2）

断ちの内容	件数	断ちの内容	件数
大　　根	1	シャブ	2
茶	2	ワイン	1
コーヒー・紅茶	3	おつくり	1
コーヒー・酒・煙草	1	ギョウザ	1
酒・争　事	1	麺　　類	3
米	1	豚肉・カマボコ	1
米・甘い物	1	好きな物一切	1
菓　　子	2	好きな事一切	1
寿　　司	1	身体に害になるもの	1
小　　豆	1	合　　計	27

賭事　五
テレビ　二
女（浮気）　一
その他　四
計　一五二件

大根は先にも述べたように聖天様の紋どころになっているほど聖天の好むものであるから、古くから願かけにあたって断つことが多かったといわれており、現在でもある割合がみられるのはここの特徴であるといえるが、ほかのものについては比較し得る資料を持ちあわせていないので何ともいえない。ただ、その種類をみるとかなり多様なものが断たれているし、その中にコーヒー、紅茶、ワイン、ラーメンといったものが見られるのは、こうした古風な習俗の中にも現在を感じさせられる。また、比較できる資料がないので、感覚的になってしまうけれども、断ちものの割合二二・六％というのはかなり高いのではないかと考えられる。それだけ聖天様にかける祈願には切実さが感じられるのである。そのことは絵馬一枚一枚に記されている文字を読むことによってより具体的にわかる。

商売繁昌・家内安全

以下、主要な祈願内容についていくつかの例をあげながら、より具体的にみてゆくことにしたい。

〈事例4〉 心に錠

商売繁昌

祈願

家運繁栄

大根一生断ち

大願達成献燈龍

六十八才申才男

この例は簡単な文章で、どこでもみかけられる体のもので、大根を一生断ち大願達成の暁には燈龍を献ずるというところに特色がある。願成就の際には具体的に物を指示して献ずるというのはこれ以外にはなかったが、お礼参りをいたしますというのは何枚かあった。

商売繁昌で分類した中には石油ショック以後の不況を反映して、たとえば西陣の整経業を営んでいるが仕事がなくて困っています。何卒商売繁昌さして下さいというたぐいのものもあるが、多くは商売繁昌・家内安全・子供健康というように併願の形をとっているものが多い。そのことは仕事出精、開運健康、家内安全などの項にいれたものについてもいえる。

〈事例5〉 心に錠

昭和五二年四月一日

昭和五三年三月まで　漬け物をたちます。
○○（女子）が元気で大きくなる様、
又子供がさずかります様
店がうまく行、借金が早くへる様
お願いいたします。
元気なかぎり毎月一日おまいり致します
　氏名（女）

これも一応商売繁昌にいれているが、子育あるいは子宝授与にいれてもよいものである。子育という項はつくらなかったが、この例のように併願という形では数枚みられた。

「事例5」では漬物断ちのほかに月参りを約束している。月参りが絵馬の文面にあらわれている例はほかに一枚あっただけであるが、定期的に参拝している人が相当あると考えられる。それは同じ人が一年間に三枚も同趣旨の絵馬をあげていたり、月初めと月末に同名の絵馬があったりすることから察せられる。

病気平癒

病気平癒を祈願した絵馬は賭事禁止、禁酒についで多いが、聖天様の場合、特定の病気に限定されてはいない。

〈事例6〉 心に錠

昭和五十一年八月三十一日より

昭和五十二年八月三十一日まで向う一年間一切大根禁ず

兄の病気一日も早く良くなります様に

生駒歓喜天様見まもって下さいませ

亥年女、四十二才　大阪

この例のように病名を記さずに祈願するものが多くみられる。また病気にかかっている本人よりも身内の者が祈願する例が多い。

また病気平癒祈願の場合には断ちものを伴う割合が五六件中二七件（四八％）と、家内安全についで多くなっている。ちなみに、家内安全の場合は総数二三件に対して断ちを伴うのは一三件（五六％）であった。

縁結び・縁切り

聖天様はとりたてて縁結びの神としての性格を持っているわけではないが、生殖神として和合や嫉妬を司るということからくるのであろうか、縁結び、縁切り、浮気封じの願いをかけるものが比較的多い。

つぎにそれらの事例をあげてみよう。

〈事例７〉　心に錠
今秋までに良縁を授りますようお願いいたします。
生年月日　　（女）
ごく普通の良縁祈願である。
縁結びの祈願は圧倒的に女性、二十歳台の後半から三十歳台にかけての人が多い。それだけに切実なものが多い。
〈事例８〉　心に錠
私は○子を愛し続けます。酒は一日ビール二本程度に致す事を誓います。○子と共に生活出来る為なら終初一貫努力し、又生命あるかぎり、他の女性は近づけません。
生年月日　　氏名（男）
生年月日　　氏名（女）
二人連名であげたものである。
縁切りも女性が多い。
〈事例９〉
生年月日　　氏名（男）
生年月日　　氏名（女）

生駒歓喜天様
二人がどちらもいやになって別れて帰ってきますよう一日も早くそうなって呉れますよう何卒御願い申します。
毎月月参り致します　願望主　母
「事例１」は妻が夫とその愛人との縁切りを願ったものであったし、その場合が多いが、このように身内の者が祈願する例もある。

〈事例10〉　心に錠
年　月　日
某（名）が一日も早く組とえんが切れます様に願がお聞き下さるまで茶立ちをします。
寅年の女　年齢

同じ縁切りであるが、男女の縁切りではなく、恐らく息子であろうと考えられる男が組と縁が切れるようにと願ったもの。この絵馬には裏面に
年　月　日
一ヶ年ありがとうございました。
某が一日も早く組の人と縁が切れます様にお願いします。お願が通じますまで茶だちをします。
合せて〇子がよい人にめぐり合って結婚できます様に、

私が達者で働けます様に

交通事故をおこしたり合ったりしませんように

と記されている。日付は正確に一年後の同月同日になっている。月参りとは書いていないけれども、度々参拝しているのであろう。

浮気封じとして分類したものには、

〈事例11〉違い大根

浮気な私を許して下さい、もう二度としません。

何才　何子

〈事例12〉心に錠

妻以外の女性とは絶対に交際しません。

何年の男　何男

というように自らの浮気を禁ずるものが多くみられる。男が祈願したものが多い。

足止め、帰宅は浮気封じに通ずる主人の足止めや逃げた女の帰宅を願うものなどがある。

縁切りというと男女の縁切りが主になるけれども、各地にある縁切り地蔵などでは男女の縁切りを本来とするものであっても、それを拡大解釈してすべての悪縁を切るというようになっているものが多い。聖天様の場合、縁切り祈願は和合・夫婦円満ということから派生したものではないかと考えられるが、更にそれから、賭事・酒・煙草・薬などとの縁を切るというように広がっていったのではないかと考える。病気平癒も病気との縁を切るということでもある。そのように考えると聖天様の絵馬の中では広い意味での縁切り祈願が最も多いことになる。そうした縁を切らなければならない悪縁の中でも賭事との縁が最も深いようで、数が圧倒的に多くなっている。

〈事例13〉 心に錠

昭和五一年六月六日から

昭和五五年三月末日まで

競輪、ボート、競馬、タバコやらないことをおちかいいたします。

住所　四七才　男子

賭事禁止の場合はここにあげた事例のように、単に勝負事、バクチ一切禁止しますということではなく、具体的に競輪、競馬、競艇、花札、本引、麻雀、パチンコといったものをあげて禁止しているし、年数を区切って向う何年間、あるいは何年何月何日までと決めて誓願しているのが大部分である。そしてそのために断ちものを伴っているのは五件ときわめて少ない。禁止期間も大部分が三年以下になっている。そのことは禁酒、禁煙にも共通している。なお禁止祈願の中で薬を禁じているのがいくつもあるのは現在の世相の反映として興味深い。

〈事例14〉 心に錠

当初の御約束事実行出来得ませず意志の弱さをお許し下さいませ強い意志を持たせて下さいませと願いつつ昭和五十二年一杯朝夕味わって居りましたお茶をたたせて頂きますお許し下さいます様と三月二十八日朝おわびのためお参りさせて頂きましたのにその後二度うっかり考え事しておりましてそれぞれ一口づつふくんでしまいましたすぐ気がつきまして失敗ったと思ったのですが手遅れでした以後お詫の気持でもう一つコーヒーをたって居ります今月一杯（四月）たたせて頂きます何卒お許し下さいませそれと四月五日夕と四月七日夕の二度うっかり考え事していて一口づつお茶をふくんだのですが、その分十一日間来年一月十一日迄、お茶だちの日をのばさせて頂きますので何卒お許し下さいませ、以後二度と失敗しないつもりで御座居ますが若しうっかりして先日のように一口でも食しました時にはその月一杯コーヒーをたちます。そしてその日までの分日をのばして引きつづきお茶をたたせて頂きます。何卒私と私の身内親戚一同その他のだれにもおとがめ御座居ませぬ様何卒お許し下さいませ、一日も早く私たちに適したよい商売が開業できます様、どなたとも仲良く全員健康で過せます様、資本金が早くたまります様お願い致します。

猪年生　女

一枚の絵馬に細い字で長々と書いている。これだけでは当初の祈願内容がつかみ得ないところもあるが、当初に誓った茶だちの約束を守れなかったお詫にコーヒーを断ち、更に失敗した日数分だけ茶だちの日を伸ばすということのようで、祈願に対して精一杯努力しようとしている意は充分にくみとれる。

これを例としてあげたのは、これほどくどくどと書いていなくとも聖天様に奉納されている六百余枚の絵馬の大部分にこうした切実さと真剣さ、そして律義さを感じたからである。

おわりに

煩悩無限という。技術が進み、科学が発展する、そのことによって生活が便利になり、住みよくなるという。きっとそれに違いないのだろう。しかし、そうだとしても、そのことによって人の弱さや悩みがなくなり、幸せになるのだろうか、聖天様に奉納されている数多くの絵馬はそうではないと語っているようである。何かに拠りどころを求めなければすまない、人の心の問題はもっと別のものではないのか。人間は、自分、あるいは人間の力の及ばない世界、経験的合理的知識では容易に説明し、納得することのできない事象のあることを知っている。

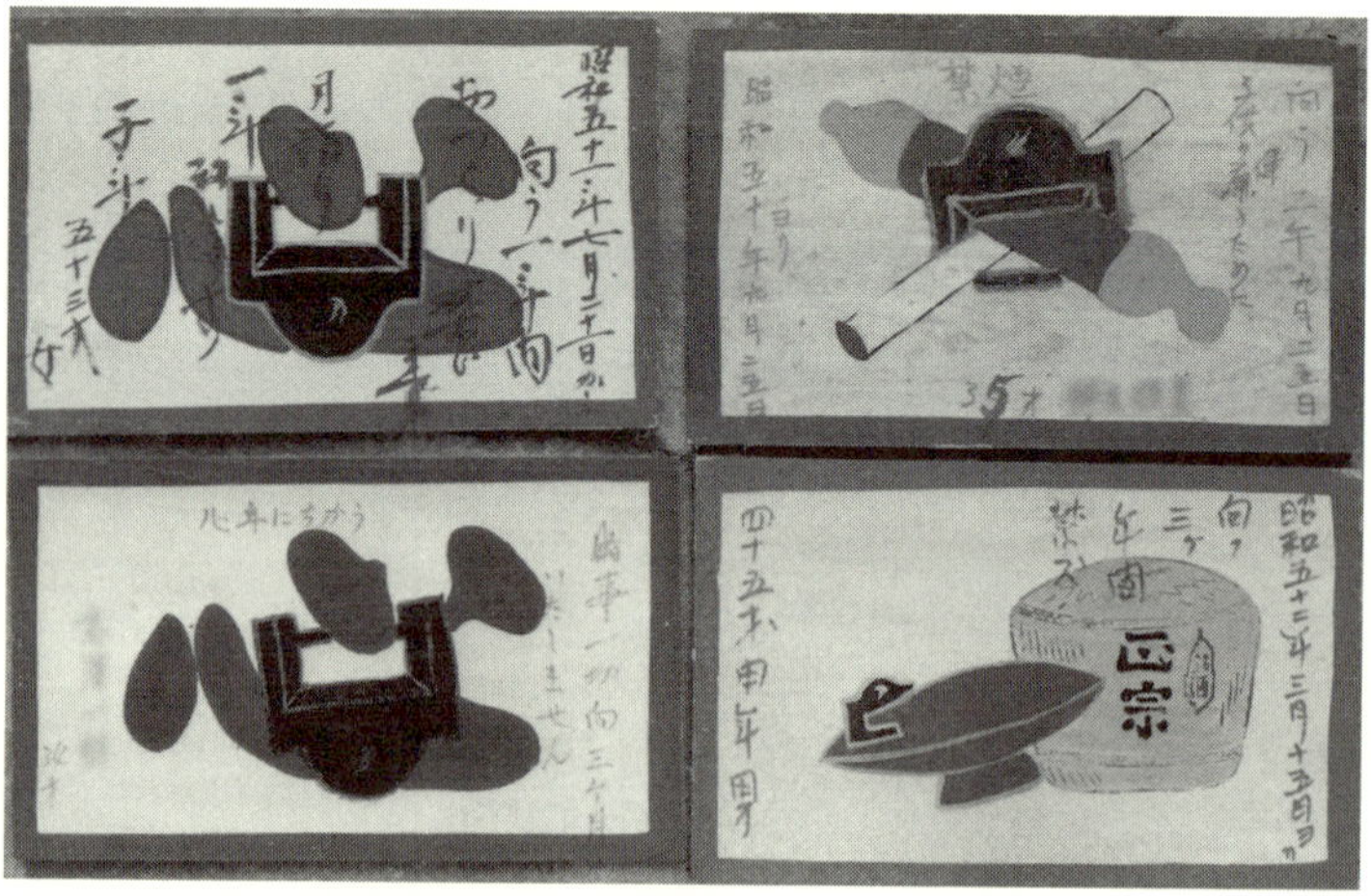

錠絵馬

そして、それがきわめて日常的におこるものであることも知っている。そこに超自然的世界とか超合理的世界などといわれるものの存在を認め、その働き、あるいは力によって、経験的合理的知識で説明できないさまざまな事象の因果関係を説明し、納得しようとしてきた。日本人はそうした超合理的存在にカミという総称を与えている。

日本人のカミの問題を考えること、それはすぐれて日本人の心の世界をさぐり、明らかにしていくことであろう。

私たち、具体的にいうと、武蔵野美術大学の民俗学研究室で宮本常一先生を介して知りあい、ずっと机を並べている佐藤と田村の二人は、数年来「カミとは何だろう」という素朴な疑問をかかえ、それを具体的に誰もが、どこでも見ることのできるモノ、ここでとりあげた小絵馬もそのひとつであるが、そういうモノを手掛りとして考

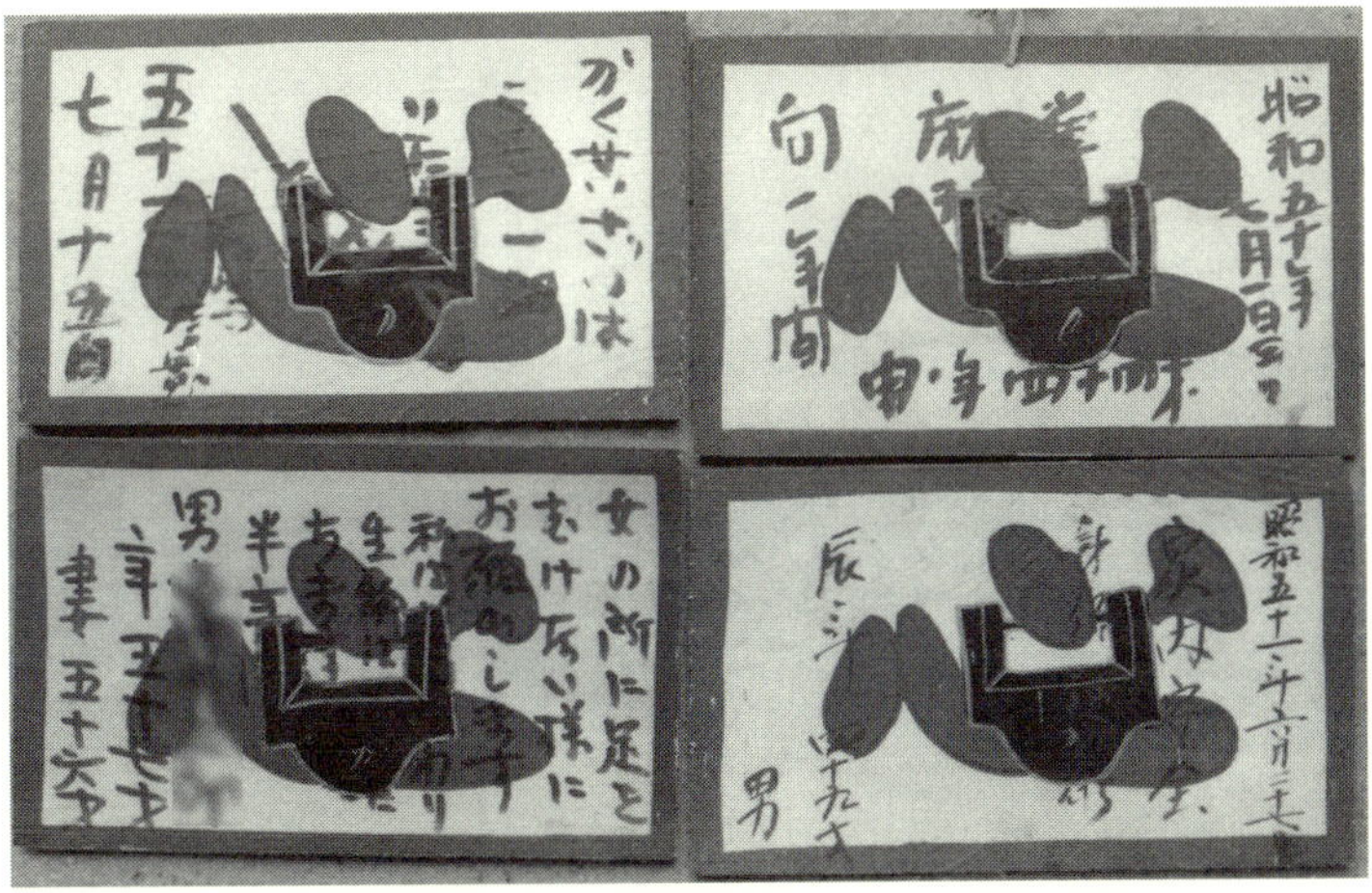

錠絵馬

えようという試みを続けている。遅々として進まないし、その方法すら確立しているわけではないけれども、できるだけ多くのモノを見、少しずつでも事実を積み重ねてゆくことによって、明らかになってくる部分があるのではないかと考えている。

このささやかな報告は、私たちがこれからもずっと息長く続けていこうとしている仕事の一部分を田村の責任でまとめたものである。

（『民衆の生活と文化』米山・宮田・田村編　未来社　昭和五十三年八月）

庶民の祈り

――京都・奈良の小絵馬

祈りと絵馬

学問の神様と考えられている所では、天神様や文珠様にかぎらず、かならずといってよいほど、その社前や境内の一隅に、小絵馬が奉納されている。幼稚園から大学、各種学校にいたるまで、ありとあらゆる学校への入学祈願・入試合格の祈りをこめてのものである。

そういうかたちでカミに祈り・願うことにどれほどの効果があるのか。おそらく、奉納する御本人たちも、御利益のほどは確と認識してのことではないのだろうが、社務所などにあるシルクスクリーン製などの絵馬を求め、祈願内容・姓名などを記入し、奉納するときの態度は、真剣そのものである。

絵馬奉納の歴史

カミに祈願するには多くの方法があるが板に絵を描き奉納する、いわゆる絵馬奉納もその一つであり、古くから存在したものであった。伊場遺跡（静岡県浜松市）や難波宮跡（大阪府大阪市）から出土した馬の絵などによって、すでに奈良時代には絵馬奉納があったと考えられている。絵馬の起源については、生きた馬を奉納する習俗が古くにあり、馬を奉納することができない者が馬形を、さらにそれが簡略化されて、馬の絵を奉納するようになり、その後、馬だけでなく、多様な絵柄のものが出現した、といわれるが、これは、絵馬という言葉にひかれての解釈であろう。

絵や形代に、そのものの代わりという以上の呪力を人は認めていた。そう考えなければ、カミとのかかわりあいのなかでは解釈のつかないことが、あまりにも多いのである。絵馬の図柄の多様さも、その一つである。

絵馬の図柄と祈り

現在、多くの社寺に奉納されているシルクスクリーン製その他の小絵馬は、その社寺にちなむ神像や干支を描いたものが多いが、これは絵馬の頒布に社寺が直接関与するようになった近年の風潮のようで、伝統的な小絵馬の図柄には、神像や十二支、馬も少なくないが、それ以外に、祈願者をあらわしたと考えられる拝みの図や、祈願の内容を示す図柄のものがじつに多い。

それらの図柄のなかには、目的の明解な傑作がたくさんある。たとえば、現在ではもう掛けられているのを見ることはできないが、和歌山県あたりで老松さまと呼ばれる松に、逆さまつげの治癒を祈って掛けられた「逆さ松」の絵馬や、奈良の一言観音などに掲げられていた、子供の風呂嫌いや月代剃り嫌いを直すためといわれる「母子入浴図」「月代剃り図」などがあげられるし、今も見ることのできるもののなかでは、奈良県生駒の聖天様に奉納されている「心」「女」という文字や、煙草・酒樽に錠

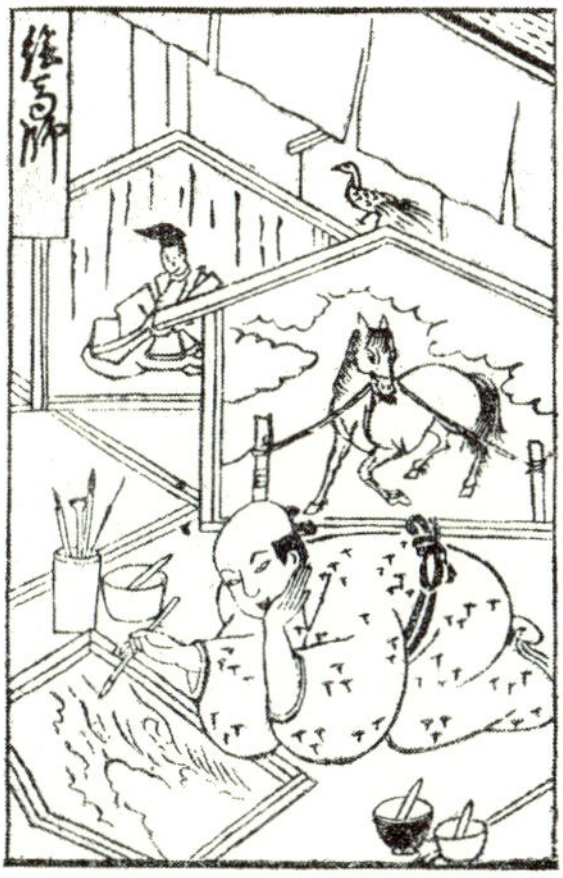

絵馬師（『人倫訓蒙図彙』より）

をかけた錠絵馬と呼ばれるもの、薬師様に多く見られる「め」の字や眼《まなこ》を向かい合わせに描いた「向かい目」の絵馬、福岡市の於古能地蔵や栃木県足利市の門田稲荷などにある、男女が背中合わせに立っている縁切りの絵馬などは、現在も残っている代表的なものであろう。

ここでは、今も見ることができる伝統的な図柄の絵馬のうち、関西地方、とくに京都・奈良などの都市にあるものを掲げるにとどめるが、これら多様な図柄のある小絵馬を見ていくと、おのずから、私たち日本人が、どういうカミに、どういう祈願をしてきたのかが、よくわかる。それを大きくまとめてみると、①病気平癒、②安産・子育て、③学業成就・技芸上達、④男女関係（縁結び・縁切り）、⑤豊作・商売繁盛などになる。そのいずれもが、一身一家のささやかな幸せと、平穏を祈願してのものであり、天下国家を云々するものは全くといってよいほど見かけない。ここに、ささやかな幸せを求めてきた庶民の心情を見ることができる。

小絵馬のなかには、奈良市日笠天神の雨乞い絵馬に見るように、村中・郷中で奉納する例もあるが、そういうものはきわめてまれで、大半は、個人的・私的な現世利益を祈願してのものである。それが小絵馬奉納の大きな特

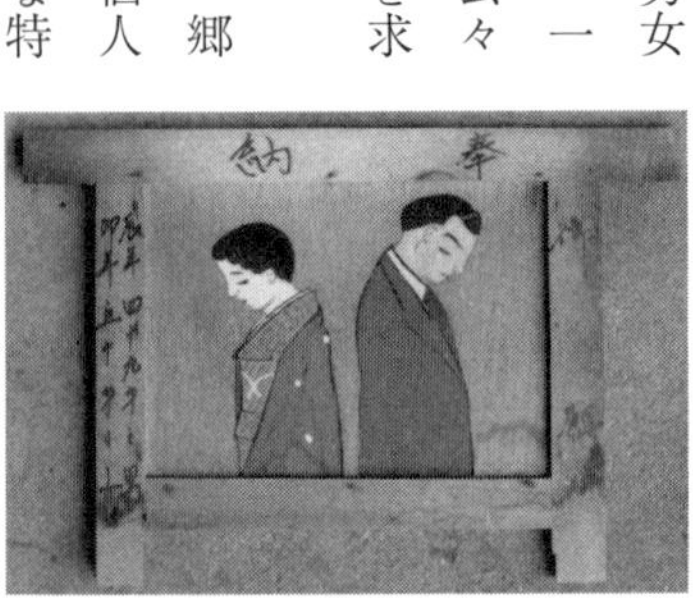

縁切り絵馬（福岡・崇福寺）

向かい目絵馬

徴でもある。したがって、祈願の内容は、昔から大きく変化することはないということにもなるし、時代時代の世相を反映して、絵や図柄は微妙に変化し、消長するということにもなる。と同時に、小絵馬の図柄には、ある地域性がみられもするが、その反面、地域を超えて共通するものの多いのが目につく。それは、祈願するカミや祈願内容が共通するということと同時に、小絵馬奉納の場も、そのカミの御利益、あるいは信仰を仲介する祈禱師などの民間信仰者の関与が、近世には大きかったのではないかと考えられる。小絵馬が奉納されている場所を見ると、現在は天満宮をはじめとする社寺が多くなっているが、伝統的な図柄の絵馬奉納がつづいているところは、民間信仰的な性格の強い小祠や堂などが多いのである。

カミとの交流

薄暗い御堂や祠の壁などに、縁切り絵馬などが透き間もなく掛けられているところに行きあたったりすると、暗い気持ちになるが、その一枚一枚

郷中で奉納された絵馬（奈良・日笠天神）

京都・粟嶋堂（宗徳寺）

を仔細にながめていると、ただたんに、悪い、あるいは嫌いな男（女）と縁を切りたいというだけではない、これまでの悪縁を断ち、良縁を得たいという祈願であることが、絵馬に記された短い文章から読み取れる。縁切りが縁結びに見事に転化されている。

小絵馬は、カミと直接交流する術を持たなかった庶民が、カミと直接交流する手段として生み出したものであろう。それだけに、小絵馬を通じて、日本人の呪的世界、カミ観のありようを、垣間見ることができるのである。

参考文献：岩井宏實『絵馬』法政大学出版局　一九七四年・田村善次郎・佐藤健一郎他『小絵馬―いのりとかたち』淡交社　一九七八年（日本民俗文化大系一四『技術と民俗』下　小学館　昭和六十一年）

奈良・火幡神社

馬

――カミと通ずるもの

乗り物として

馬は哺乳綱奇蹄目ウマ科ウマ属に属する草食動物である。家畜として飼育され、広く世界中に分布している。その体形は四肢が長く、頚も長いという特徴をもっている。肢が長いのは歩巾が大きいこと、頚が長いのは重心を前に移動させやすいことをしめしている。いずれも早く走ることに適した体形だといえる。また、走る時、犬や猫などと異なって、背中を曲げないで走る。これは人が乗って走るのにたいへん都合の良い体形である。背を丸めないで早く走ることのできる馬は、騎乗に適した動物だといえる。

馬の家畜化は、牛などよりも遅れて新石器時代になってからであろうと考えられているが、その契機は、食用や皮革の利用というよりも車やソリを牽引させる目的が強かったのではないかという説の方が支持されている。家畜化された当初の馬は、体高一・三五メートル程度の小さいものであったが、耐久力と牽引力には優れており、人は早くからその力に着目して、運搬や牽引に利用したと考えるのである。馬を牽引用の家畜として運搬や輸送に利用することは比較的早くから行なわれていた。古代オリエントでは紀元前二〇〇〇年期の前半には、馬に牽引させる戦車があったというし、中国でも殷代（紀元前一五〇〇年頃）には馬戦車が用いられていたといわれている。中国では四頭だての戦車を「駟」と書く。その音の「シ」が「士」に通ずることから、「士」が支配層を表す語となっていったのだという。馬戦車が戦力として大きな力を発揮していたことをしめしているといえるだろう。強力な戦力を保持している者が支配者層を形成していったのである。

いつ頃から馬を乗用として利用するようになったのか、正確にはわからないのだが、古代オリエント世界では戦車よりも後だと考えられている。騎馬軍団の出現は、戦いにおいて戦車以上に大きな力を発揮することになる。騎兵は、そのスピードと機動力において戦車に数段まさる威力を発揮したのである。騎兵を中心とした軍事力がどれ程優れたものであったかは、ジンギス・カンに率いられたモンゴル騎馬軍団が広大なユーラシア大陸のほぼ全域を征服し、大帝国を成立させたことを想起するだけで充分であろう。日本の古代王朝の成立にも、騎馬民族が大きな関わりをもっていたとする江上波夫氏の騎馬民族説はよく知られているところである。

平安時代末、関東を中心とする東国武士団が、京都に拠点を置く西国支配層に対して武力的に優位に立ち、武家政権を確立していくのだが、その過程には、馬産に適した東国の立地条件が大きな意味をもっていたであろうことは想像に難くないところである。古代からの馬牧は関東、信濃、東北地方に集中していた。

馬は人の乗り物として、また物資の運搬用として実用的にも大きな意味をもっていたのであるが、たんなる家畜ではなかった。中世の絵巻物に描かれている貴族あるいは豪族の屋敷には厩が設けられ、馬が飼育されている場面をいくつも見いだすことができる。その厩には例外なく床が張られている。牛は土間で飼育されているのだが、馬は板を張って地面と隔絶した床の上で飼われていたのである。このことは馬が、実用的な使役だけを目的とした家畜以上の存在であったことを象徴的にしめしている。馬は聖なる世界とのかかわりにおいて重要な意味をもっていたのである。

カミの乗り物

馬は神聖な動物だと古くから考えられていた。神社に馬を奉納する習俗は古くからあった。現在でも、伊勢神宮など、神馬を飼育している神社は少なくないし、また、木彫の馬などが神馬舎や拝殿などに納められている神社も多い。絵馬が奉納されている社や小祠にいたっては枚挙にいとまがない程である。

古くから馬は、神霊の乗り物だと考えられていた。正月などに床の間にかける三社託宣には騎乗の八幡神や春日の神が描かれているものが少なくないし、神幸行列で、飾り鞍にご幣をつけた神馬が先頭を行くという祭りは今も各地で見ることができる。

板張りの厩（『慕帰絵詞』より）

岩手県では、妊娠した妻女の陣痛がはじまると、夫が厩から馬をつれ出して山へ追っていき、山道で馬が立ち止まったり、あるいは身震いしていないないたりすると、山神様が乗られたといって、そこから家に引き返した。そして、その馬が家の門を入るとすぐに子供が産まれると伝えられていた。山の神はお産の神、安産の神と考えられていたのである。

鹿児島県の甑島では正月の神であるトシドンが訪れる。トシドンは、村の老人や青年が草の茎で目つっぱりをしたり、シュロの皮を被ったりして変装し、身体には古い蓑やシュロの葉などをまとって、鉦をカンカン叩きながらやってきて、家の入口までくると、ダダダッダッと馬がとまるような足音をたて、それから家に入る。戸口で「トシ、トシ子供は何人か」と声をかけて上がり、木箱や袋の中から大きな年餅をだして子供たちに与え、よい子になるように、などと教えてから帰っていくのだという。入口で馬の足音をたてるのは、トシドンは首切れ馬に乗ってくると信じられているからだという。馬に乗って訪れる歳神から年餅を貰うことで子供たちは、年をとることができるのである。年餅は年玉（魂）である。新しい年の魂を馬にのってやってきたカミから貰うのである。

甑島の首切れ馬は、歳神を乗せて各家をまわり、年玉を授けて行くということである。この首切れ馬が、首を切られて胴体だけになった馬のことなのか、頭部だけで胴体のない馬のことなのか、この言葉だけからでは明確ではないのだが、胴体だけの場合と頭部だけのものと両方あるようだ。

正月に各家を訪れて年玉を授けてまわる馬というと、春駒が思い浮かぶ。正月には、獅子舞や万歳、鳥追い、恵比寿ま

春駒（『洛中洛外図屛風』より）

わし、猿まわしなど様々の芸能が家々を訪れて、家を清め、祝言を唱えて歩いたものであった。新しい年が良い年であるようにと祝ってまわる門付けの予祝芸能である。春駒もその一つで、木や紙で作った馬の首形を頭に戴いたり、あるいは、あたかも馬に乗ったかのように腰のあたりに括り付けて、家々の門に立って、祝言を述べてまわったものであった。岩手県の水沢地方では、かつては旧暦の正月十五日の夜に、村の若い衆が、駒の首に手綱を付け、鈴の音に合わせて、口取りの者が馬方節などを唄いながら町屋をまわり、祝儀を貰ってまわったものだという。また、山梨県の塩山市一ノ瀬高橋では、小正月に行なわれる道祖神祭の時に、若い衆が春駒に跨って家々を祝ってまわっていた。このように村の若衆が春駒を演じていたところもあるが、江戸などでは、獅子舞や万歳と同様に、門付け芸人がまわってきたものであった。元禄十年（一六九七）の『年中故事要言』に「年ノ始メニ馬ヲ作ッテ頭ニ戴キ、歌ヒ舞フ者アリ、是ヲ春駒ト名ヅケテ、都郡トモニ有ル事ナリ」とあり、また文化三年（一八〇六）の『年中行事大成』には「正月中物もらひの輩、春駒とて、十二三歳計りの女子の眉目よきものを、衣服髪容などうつくしく出立せ、手に木偶の馬の頭を持ち、風流の舞をなす、これが唱歌は目出度き諺を詠物となし、三味線胡弓太鼓などに合せ声面白く歌ひ拍し、門々に至り米銭を乞ふ」とあって、その一端を知ることが出来る。正月の予祝芸としての春駒は、かつては全国にわたって広く見られたも

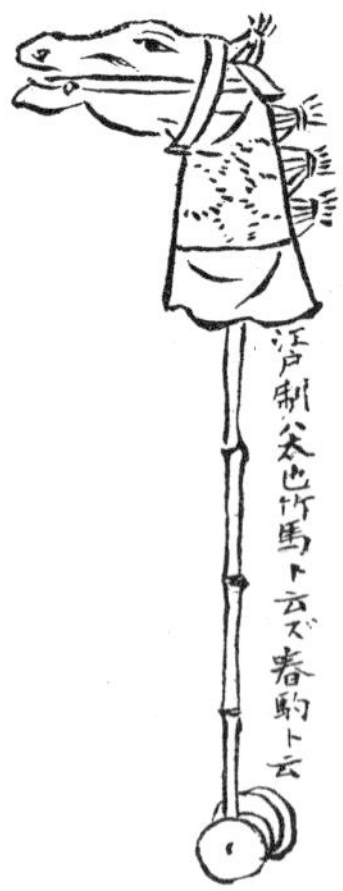

春駒（『守貞漫稿』より）

のであるが、現在では新潟県の佐渡と沖縄で芸能として演じられている程度になってしまった。佐渡の春駒は、駒形を腰に付け、腰に幣束と笊を下げ、ヒョットコ面をつけた男衆が家々をまわって、

　メデタヤメデタヤ、春の初めの春駒なんどは、夢に見てさえ、よいとは申す

などと囃しながら、主人や家族の長寿、幸運を祈る祝言を述べて行くものである。沖縄では、那覇市の二十日正月のズリ馬の行列が春駒の面影を伝えているといわれている。ズリ馬は豊年と商売繁盛を祈願してのもので、行列は「祈豊年」と書いた旗や五色の吹き流しを先頭に、獅子、弥勒菩薩、ウマガア、紺地衣裳の舞女などが練り歩くもので、町内の各所で踊を披露する。ウマガアは、紅型《びんがた》の打掛けに前帯姿の女性が、木製の馬形を帯にはさみ、

　京の小太郎がつくたんばい、万歳こうすや馬舞さ

といった歌につれて舞うものである。なお、青森県八戸地方のエンブリ、岩手県各地で見られる南部駒踊なども春駒と関係のある芸能だと考えられる。

　トシドンが乗って来る首切れ馬や春駒は、新しい年の初めを祝福するものであったが、各地に伝えられている首切れ馬の話には、怪しい話も少なくない。徳島県の首切れ馬は、ヤギョウサンを乗せて徘徊するという。ヤギョウサンは、三好

初馬（富山県東砺波郡利賀村）（写真：工藤員功）

郡山城谷村などでは節分の晩にやってくる髭の生えた一つ目の鬼だといっているが、多くは正体のわからない妖怪で、ヤギョウビの夜に首切れ馬に乗って徘徊するのだと伝えられている。ヤギョウビは百鬼夜行日であろうといわれている。百鬼夜行日は一月の子の日、二月の午の日など、月によって決まっている。しかし、後藤捷一氏は、ヤギョウサンが首切れ馬に乗って出るのはヤギョウビだけではなく、毎月の晦日、大晦日、節分、庚申の夜にも出るし、地方によっては雨の降る陰気な夜などにもでる。そして、この首切れ馬が出る場所はたいてい決まっている。それは、馬が非業の死を遂げたところで、その怨念が残っていて祟るのだと考えられており、碑や祠などを建てて祀ってからは出なくなったという所が多い。また、首切れ馬やそれに乗ったヤギョウサンに出会うと、投げとばされたり、蹴殺されたりするので、出会った時には、草鞋を頭にのせ、道端に伏せていると良いなどとも伝えられている。（後藤捷一「首切れ馬の話」『土の鈴』十一輯）

馬を家畜として使役していても、人間には馬は神聖な動物であるという感覚は強く残っており、その馬が斃れたところには馬頭観音の碑を建てて供養するといったことは各地に見られたのである。妖怪としての首切れ馬もまた、同様の感覚から出て来るものであろうと思われる。

馬は、カミの乗り物であり、時によってはカミともなる神聖なものであっただけに、強い呪力を持つと考えられていた。古くからの馬産地であった岩手県の遠野地方などでは、飼育している馬が死んだ場合には、その馬の首を切り取って、家の門口に立てた杭などに架けておいたものであるという。佐々木喜善氏の生家にも、昭和初年までは三頭分かの馬の頭蓋骨が石垣の上にころがっており、魔除けといわれていたということである。（佐々木喜善「馬首飛行譚」『郷土研究』五巻一号）

絵馬と馬

ところで、絵馬について元禄の頃に著された『神道名目類聚抄』には

神馬ヲ率イテ奉ル事及バザル者、木ニテ馬ヲ造リ献ズ。造リ馬モ及バザル者、馬ヲ書キテ奉ルナリ。今世俗、馬ニアラデ、種々ノ絵ヲ図シテ献上スル事ニナリヌ

と記されている。生きた馬を奉納するのが本来であるが、生馬を奉納する事のできない人が、その代用として木で造った馬形を奉納し、造り馬も奉納できない者が馬の絵を奉納するようになり、さらに、馬の絵だけではなく様々な絵柄のものを奉納するようになったというのである。しかし、造り馬や描かれた馬が、生きた馬の代用であるとは

奉納された馬の絵（奈良・日笠天神）

単純にはいえない。生き馬の奉納が先ずあって、その代わりとして造り馬や馬の絵が誕生したのだと簡単にいうことはできないのである。飢饉が度々襲ってきた時代の人びとが五穀豊穣を祈っているのであり、医師などほとんどいなかった時代の人びとが病気平癒を祈願しているのである。代用品で何とかしようと考えたとはとても思えない。馬形も絵馬も、単なる代用品ではなく、それぞれ独自の呪力、霊力をもったものと私たちの祖先は考えていたに違いない。だからこそ、造り馬や馬形や絵馬を用いたのである。それで十分だったのである。一般に絵馬とよばれているものの中には、馬の絵以外に様々な絵柄のものがある。絵馬というのは様々な祈願の目的で描かれ、社寺や小祠に奉納される板絵の総称である。

中国雲南省大理地方の白族《ぱいぞく》自治州を中心にチーマ（紙馬）または甲馬紙（ジャーマーチ）とよばれる木版画がある。中国の木版画では正月に室内に飾る年画や門に貼る門画が有名であるが、紙馬は年画や門画にくらべるとはるかに小型で、六五ミリ×九五ミリあるいは一二五ミリ×一九〇ミリ程度の大きさの粗末な紙に刷られた一色刷りのものである。その種類は、かまど神、山神、土主、門神、橋神、草木神など多様なものがあり、また、絵柄もさまざまであるが、多くは各地の民間で信仰されている神々や鬼神などの像であって、馬が描かれているものは少ない。用い方も様々である。たとえば、喜神と床公床母

床公床母の紙馬

の紙馬は結婚式の際に用いられるものである。結婚式の時に喜神紙を篩《ふるい》の中央に貼り、花一輪、米一升、砂糖ひと塊り、松明一本を入れて門の側に置く、そして、新郎新婦が門を通る時、この喜神の前に跪《ひざまず》いて、額を地にすりつけて祈るのである。式が終わって二人が寝室に入り、床についた時、床公床母の紙馬が二人の前で燃される。これは夫婦睦まじく、子宝、財産に恵まれるようにとの祈願であるといわれている。また、日本の旧暦にあたる農暦の正月二日と十六日に、人びとは酒、煙草、茶、肉、もち米を準備し、五本の香を焚いて、山神廟にいき、山神に献上するのだが、その時「山神は黙々として、人には病もなく、家にも災難がない。空手で門を出て、財が競って門に入ってくる」と唱えながら山神や土地神の紙馬を燃すのだという。日本の絵馬の場合は、その場で燃すことはないのだが、中国の紙馬は祈願をこめて燃すことが多い。(高金龍「紙馬の種類」『民芸』五一三号)

紙馬について、大漢和辞典は「神鬼を祀るにもちいる、五色の紙に神像を書いて神前に焚く紙。神霊がこれに憑依すること馬に似るからという。一説に、古、神を紙に書けば、必ず馬をその上に併せ書いて神の乗用としたからという。古は祭祀には牲幣を用ひ、秦の俗は馬を用ひ、淫祀浸繁するに及び、偶馬を用ひた。唐に至り、王興が始めて紙を用ひて弊としたのを、俗に甲馬という」と解説している。後半の説明は生き馬から造馬、そして紙馬という展開で、先の『神道名目類聚抄』と似た説明である。こういう説明は、一見合理的なのだが、納得できるというわけではない。前半の神霊がこれに憑依する様が馬に似ているからという説は、乗り物としての馬をその上に併せ描いたという説とあわせて、日本の絵馬を考える上で興味深いものである。

依り代・化身

先にも述べたように、馬を飼育している人びとの間では馬頭観音が広く信仰されている。山道などで、馬が落ちたり怪我をしたりした場所には、馬頭観音の石塔が立てられていて、馬頭講とか観音講などの名でよばれる信仰集団がつくられている場合が多い。その始まりは、事故で死亡した馬に対する供養のためというのが多いのだが、それが馬頭観音そのものへの信仰へと変化していったのである。馬頭観音は、頭上に宝冠と馬頭を頂き、身体は赤色で憤怒の形相をしている。もちろん、様々に変身して人間を守ってくれる観世音菩薩である。三面二臂、三面八臂、四面八臂など様々の姿をとった像が知られているが、その多くは三面八臂像である。そして、一切の魔や煩悩をうち伏せると考えられてきた。

板に描いた馬の絵、つまり絵馬をカミに奉納したり、同じような絵馬をカミから授与され、それを五穀豊穣や家内安全の拠り所としたりする風習は古くからあった。浜松市の伊場遺跡から奈良時代の板絵の馬が発掘されているし、奈良の興福寺でも獅子の絵などを描いた絵馬が発見されている。このような、板に描かれた絵を大切に思う心は、現在でも各地で見られ、私たちの心の中に今も脈々と生きている。正月に、近隣の社寺から、その年の干支の絵が描かれた絵馬を頂いて来た経験を持っている人は多いに違いない。それは、たんなる参拝記念のアクセサリーではないのである。

埼玉県東松山市にある妙安寺境内に馬頭観世音が祀られている。この馬頭観世音は、通称を上岡観音といい、馬そのものや馬のお産を守る神として、関東地方を中心に広く信仰されている。毎年二月十九日が縁日で、この日には、馬を牽いて参詣する人が多く、良馬の産出や馬の安全を祈願して、お祓いをうける馬が早朝から列をなしたものだという。農家で馬を飼う事がほとんどなくなった昨今では、生きた馬を境内まで牽いてくる人こそ少なくなったが、競馬関係の人など、人出は大変に多く、また、盛大な市が開催される事もあって、関東地方の賑やかな縁日の一つとして知られている。境内で開かれる市では大きな竹籠や餅搗臼、農具、植木などが売られている。この日、境内では絵馬市がたち、絵馬が売られる。菊花模様の飾り鞍をつけた馬を描いた、大中小の三種の絵馬が主であるが、中でもツナと呼ばれる、七頭つなぎの飾り馬に松を配して、遠くに富士山と日の出を描いた彩りの華やかな絵馬が昔から知られている。圧倒的に馬の絵馬が多いのだが、その他に、牛の絵馬もあり、また、近年では、耕耘機などの農機具が描かれたものもある。参詣者はこの絵馬を求めて帰り、厩の入口などに掲げて厩の守りとするのである。厩に一年間掲げて

上岡観音の絵馬（写真：工藤員功）

おき、翌年の縁日には古い絵馬は取り外して観音堂に納め、新しい絵馬に替えるのが通例となっている。

一般に、絵馬は、人びとが様々な思いを込めて、神仏に祈り、願う時、あるいは祈願が成就した時、奉納するものだとされているのだが、上岡観音の絵馬は奉納するものではない。お守りとして厩などに祀るものである。その点で、いわゆる奉納絵馬とは性格を異にする。しかし、これもまた絵馬と呼ばれているのである。飾り馬の絵馬は、観音絵馬講の人達によって描かれ、売られている。人びとは、これをたんなる板に描かれた馬の絵と見ているのではないようである。だからこそ厩などに祀って不思議としないのである。絵馬は市で売られる前に、馬頭観音に供えられ、御祈禱を受けているのだから、単なる馬の絵でない事はいうまでもないのだが、絵馬を求める人の全てがその事を知って求めているわけではない。これを求める人にとっては、祈禱をうけ、カミの力がそこに込められているか否かという事は、それほど重要な事ではないのである。むしろ、それ以上に重要なのは、この絵馬が観音の縁日に、その境内で売られている馬の絵であり、自分の飼っている馬の安全を祈願し、求めたものであるという事である。観音の縁日は、馬頭観音の降臨したまう聖なる時であり、その境内は、カミの降臨する聖なる場なのである。その聖なる時、聖なる場で、祈願を込め、求めてきた馬の絵は、上岡観音から授与される御札や神像と同様に、観音の分霊であり、その依代と考えられているのである。そして人びとは、ここに描かれた馬の絵に、カミの加護をうけて生育するに違いない自分の飼い馬の理想の姿を見ている。だからこそ、厩などに祀り、大切な馬の守護神とする事ができるのである。ところで観音の分霊というのであれば、馬の絵ではなく、馬頭観音の御姿そのものの方がよりよいという事になるであろう。しかし、馬の絵なのである。何故か。

狂言に「牛馬」という作品がある。そこで主人公の馬博労は次のように語っている。

それ、馬は馬頭観音の化身として、仏の説きし法《のり》の舟、月氏国より漢土《もろこし》まで、馬こそ負うて渡るなり。仏の前には絵馬を掛け、神には立つる幣の駒、駒北風に嘶《いば》ふれば、悪魔はくゎっと退きて、めでたき事を競馬《きほひうま》、又本歌にも、逢坂の関の清水に形見えて、今や牽くらむ望月の駒。

ここに明確に語られているように、馬は馬頭観音の化身であり、仏が説かれた法、すなわち仏法を人間の元へ運んでくる存在だと考えられていたのである。だからこそ、馬の絵で良かったのである。という以上に馬の絵でなければならなかったのである。

カミの世界に通ずるもの

先述したように、絵巻物に描かれた厩には床が張られており、馬はその上で飼われていた。そして、その一隅には繋がれた猿が描かれている場合が多い。馬と猿は深い関係があった。後白川法皇が撰したと伝えられている『梁塵秘抄』に、次のような今様歌が集録されている。

御馬屋《みまや》の隅なる猿飼は
絆離れてさぞ遊ぶ

木に登り
常磐の山なる楢柴は
風の吹くにぞ
ちうとろ揺ぎて裏返る（三五二）

当時の流行歌である今様に唄われるということからみても猿を厩に繫ぐという風習は、この時代には一般的であったといってよいだろう。その理由は明確にはわからないのだが、柳田国男氏は『山島民譚集』に、馬は元来猿の飼うべきもので、人間が馬を飼うようになった時分に、馬の牽き方がわからずに困っていると、猿がホイホイといって、馬を山の中から引出した。その真似をしてみると馬が巧く牽けた、それで厩は申の方に向けて建て、百姓は決して猿は殺さぬのだと述べている。また、馬も猿にはよく従うのであって、放し飼いの馬に猿の乗って馬の耳を握っているのを見た者は少なくない、という肥後の阿蘇地方からの報告を紹介している。この伝承の当否は別にしても、猿が馬の守護神的な性格をもったものであったことは、後々まで見られた厩に猿の頭蓋骨や駒牽猿の絵馬をかけるという習俗や、猿回しの目的の第一が、本来は厩安全の祈禱であったということなどからも察せられる。また、駒牽猿とどのような関連があるのか明確ではないが、河童と駒との関わりを説いた河童駒牽伝説も各地に伝えられている。

駒牽猿図（紙絵馬・静岡県水窪町西浦）（写真：工藤員功）

河童は、水界に棲む妖怪だと考えられている。広く全国の河川湖沼に棲んでおり、人を水中にひき込んで尻子玉を抜いて水死させるなどという話は広く知られているところであるが、また馬に取りついて、引きずりこもうとして失敗し、腕を切り落とされ、その腕を返して貰うかわりに秘伝の傷薬や骨つぎの妙薬の製法を教えたり、膳椀を貸し与えたりしたという話が各地に伝えられている。河童は、悪戯者の小妖怪とも考えられるのだが、秘薬の製法を教えてくれるといった点から考えると、本来は人間を超えた存在、すなわち、カミであったという事ができるであろう。

ところで、名馬は水辺から出現するという伝承が古くからある。一方、名馬が水の中に入ったという話も多い。河童が馬に関わって来るという話の源に、そのどちらも水の中の世界の存在だという認識があったからだと考えることもできる。『平家物語』の宇治川先陣で有名なイケヅキは、日本の代表的な名馬とされているが、そのイケヅキは生食あるいは池月といった文字が当てられているのである。その由来はともかく、池月という文字を当てる事が可能であった背景には、名馬と水との深い関係があったと思われる。水中から産まれて来たり、水中へ没したりする馬は、水神の使いだったのではないだろうか。七月の盆行事に、水辺に茄子で

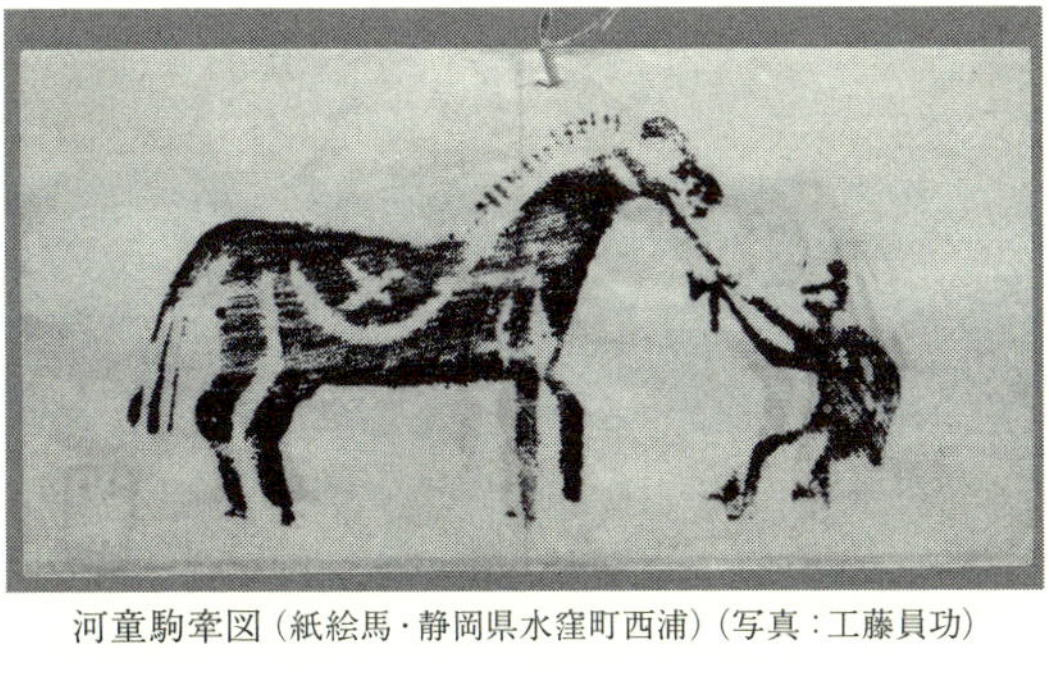

河童駒牽図（紙絵馬・静岡県水窪町西浦）（写真：工藤員功）

作った馬を置くのも、馬が水の中の世界、すなわち異次元世界へ通じる力を持った存在だと考えていたからに他ならない。

馬はカミの世界に通じ、時にはカミともなりうる呪力、霊力をもった聖なる存在だと私たちの祖先は考えていたに違いないのである。

（『季刊 悠久』七三号 おうふう 平成十年四月）

結びの民俗

はじめに

もし「結び」という言葉で表現される行為や技術が存在しなかったら、人間の暮しはたいへん違ったものになっていたであろう。それほどに「結び」は日常の暮しと広く、深く関わっている。

私たちは日常的に「ムスビ」とか「ムスブ」とかいう言葉を使っている。そして、当然のことなのだが、「ムスビ」や「ムスブ」という言葉は、それに相応しい意味内容を持っており、行為や技術が伴っているのである。

単純に「ムスブ」という場合、私たちは、日常の生活の中で頻繁に行なっている「帯を結ぶ」「紐を結ぶ」「縄を結ぶ」という行為や作業を最初に連想する。この場合の「結ぶ」は、帯を結んで「締める」とか、紐を結んで「繋ぐ」とか、縄を結んで「束ねる」とかいうことである。糸・紙縒《こより》・元結《もとゆい》・水引・紐・縄・綱・帯・針金などの細く長い紐状のもので、物あるいは物と物を、繋いだり、縛ったり、束ねたり、括ったりする「紐結び」のことである。

また、一方で、「点と点を結ぶ」「縁を結ぶ」「手を結ぶ」「実を結ぶ」「露を結ぶ」「印を結ぶ」「庵を結ぶ」「文章を結ぶ」という言い方も日常的に使っている。使用する漢字は異なるが、掌で水をすくって汲むことも「ムスブ（掬ぶ）」という。

「ムスビ」も「ムスブ」と同様、「男結び」「蝶結び」「花結び」といった紐結びの技法や形態の表現と、「縁結び」「魂結び」「係り結び」など紐結びとは直接に関わらない使い方もしている。

日本人は「ムスビ」「ムスブ」という言葉や行為・技術を様々に使い分けているが、この中には、具体的で物に即した側面と、抽象的で精神的な側面とが複雑に交錯しているのである。

「ムスビ」は余りにも日常的であるが故に、複雑になり、多岐に分化していったと考えられる。「ムスビ」の本来の意味は何処にあるのであろうか、複雑で、多岐に分化していった「ムスビ」という言葉や行為・技術の中に、その本来の意味を探る手掛かりが潜んでいる筈である。私たちは、それを探って見たいと考えている。

一 紐結び

紐状のもので物、あるいは物と物を結ぶ紐結びは、あらためて取り上げるのがおかしいほどに日常生活の様々な局面に存在している。

結び研究家として著名な額田巌氏は、「結び（紐結び）」を、その形態によって、結節・結合・結着・結束・結縮・紋様の六種に分類している。（『結び』額田巌　法政大学出版　昭和四十七年）

以下、氏の分類にしたがって、簡単に解説を加えておく。

結節　これは物と物を結びつけるための結びではなく、紐の端や途中に結び目を造ることである。裁縫で糸の最後の止めとして用いられているのがそれだが、このように紐の滑り止めや縒りの解けるのを防ぐ目的のことが多い。この結びには、一重結び、八の字結びなどがある。結び文や草結びなどもこの類に入る。また編み物や漁網などは結節を連続させて編み目・網目を造ってゆくものである。

結合　紐と紐の端を結んで繋ぎ合わせることである。結び方としては、最も一般に見られる本結び（真結び・駒結び）、手術の際に用いられる外科結びなどが用いられる。この種の結びは、農業・漁業・林業・運送業など職業・作業に応じて、種々に工夫されている。

結着　棒に紐を縛りつけるとか物を吊り下げるとかする時の結びである。この結びも様々に工夫され、すごき結び、かこ結び、テグス結びなどがある。工事現場や港などでその多様な姿に接することが出来る。

結束　箱・俵・桶などに紐や縄を何重にも巻いて荷作りする時の結びである。また、二本の棒を組んで結ぶ場合なども結束であり、捕縄の結びや帯・褌などの結びも、折紙や包みにかける水引の結びも結束に含めなければならない。

結縮　結束した紐の弛みを引き締めたり、弱いところを補強したりする時の結びである。結縮の一種のシャープ・シャンクと呼ばれる結びは、トラックなどの積荷に掛けた綱を締める際などに用いられ、結ぶ際にもはずす際にも簡単で、しかも引締めが自在なため現在も多用されている。

これらの結びは、それの置かれた風土・環境の中で、実用に供するために生まれてきた結びを基本にしており、中には洗練された美を感じさせる場合もあるが、それは、用の美、または機能美ともいえるもので、美の追求から生まれたものではない。これらの結びと用途では重なりながら、幾分異なった性格をもつ結びが、次の紋様であろう。

紋様　結び目や結びの手の部分を変化させることによって美しい模様や縁起物の形に結んだ花結びなどの装飾的な結びである。多くは、本来の実用的な結びの役目を果たしつつ、一方で美的側面を追求した結果生まれたもので、「ハレ」の場で用いられる結びということが出来るであろう。この結びは装飾結びと呼んでよいものである。

二　装飾結び

紐状のものを実用的な目的で結ぶ技術は、すべての民族、すべての文化に存在するものである。そして、その結びが何らかの意味で美しさを持っているということも多分に普遍的であるに違いないが、日本ほど装飾結びが発達した国、民族はないのではあるまいか。

装飾結びの多様さは日本独特のものであろう。藤原覚一氏の『図説・日本の結び』（築地書館　一九七四年）では結節・結合・結着・結束・結縮の結びの五形態のすべてに「作業結び」と「装飾結び」の二種があるとしている。そういっても違和感を感じないくらい日本では装飾結びが多くの分野で使われているのである。

さきにも触れたように、装飾結びは「ハレ」の場で用いられ、発展していった結びであるに違いない。そのことは、装飾結びが生活のどのような側面で使われているかを見ればよくわかる。

装飾性の強い結びとして、まず考えられるのは、衣服に関する結びであろう。現在でいえば、ネクタイの結びなどがその代表格であろう。ワイシャツにネクタイは欠かせないものだと考えられているが、実用的な意味でネクタイを締めている訳ではないのである。

奈良時代には『衣服令』が発布され、皇太子や親王・内親王・諸王・諸臣・武官などの礼服、朝服、制服などについての規則が制定された。それによると、一品《いっぽん》の宮以下五位以上の親王・諸臣の朝服は「金銀をもて飾れる腰帯」を着し、親王は緑と緋の二色を交えて造った緒に、一品の宮は四つ、二品の宮は三つ、三品の宮は二つ、四品の宮は一つの結び玉をつけることが定められていた。色や結びの数などが位階を表示していたのである。

貴族たちの装束にも、様々な装飾結びが見られたが、武具もまた、複雑な装飾結びで飾られていた。武具は戦いの道具であるから実用本位が当然で、飾りなどは必要ではないと考えられがちであるが、武士にとっての武具は表道具、つまりハレの道具であったから、地位に応じた飾りは当然しなければならないものだったのである。

江戸時代までの社会を考えると、結びを通して人物の状況を提示するという点では結髪が代表といえるかも知れない。髪は結うものであり、その結いあげられた髪型に、人びとは、年齢・職業や既婚・未婚など様々の内容を込めて来たのである。

装飾的結びが極端に発達した分野は女性の帯であろう。現在出版されている帯結びの教則本などを見ると百種以上の結び方が紹介されている。結びというと、帯だけではなく帯締めなども含まれるだろう。

丸帯・袋帯といった帯の種類、そこに見られる文様、それの締め方によって、年齢や用向き、地位、職業など様々のことが表示されるのである。

帯の結び方は、女性の教養として学ばなければならないものの一つであった。装飾結びの代表的なものである花結びも、また、教養ある女性の知っていなければならない知識の一つに数えられていたのである。旧制の女学校では、礼法の時間が設けられていたところが多いのだが、その一つとして花結びを習ったものである。

江戸時代の有職《ゆうそく》家として知られている伊勢貞丈の『貞丈雑記』には、

「女の藝の内に繪かき花むすびと云事あり、古き草紙物語などに見えたり。繪書は繪をかく事也。花結とは、物の緒をあげまきあわひ結其外色々様々花やかなる結びかたを習ひ覚へたるをいふ也。是も一ツの藝なり」

と記されており、中納言の局《つぼね》が琵琶、繪書、花結、歌詠みに優れていたという『源平盛衰記』の文章が注記されている。花結びなどの優美な紐結びが、早くから上流階級の女性の教養となっていたことがわかるのである。花結びと並ぶ装飾結びである水引の結びもまた、同様に教養として習い覚えておかなければならないものであった。

水引は、周知のように、贈答の包みや熨斗の折紙に掛け結ぶものであり、婚礼などの儀礼の際に多く使われるものである。水引の結びは真結び、もろわな結び、叶結び、

《水引の結び》

真結び

鮑結び

鮑結びなどが基本になっているが、これらの結びの目や手を変化させることによって鶴・亀・松竹梅・日の出に松などの縁起物の形に結んでつけることが多い。また、島台などの立体的な作りものにしてハレの場を飾ったりもするのである。

　結納や婚礼、その他の祝儀の贈答に用いられる水引は、贈答品を包む奉書や折紙に掛け結ぶのが基本である。贈答の品には贈る人の心が込められている。だから紙で包まなければならないし、さらに水引で結ばなければならないのである。

　贈答品を包む紙の折り方や、水引の結び方も、また礼法の一分野として伝えられてきたものであった。

《水引いろいろ》
（写真：工藤員功）

水亀

松竹梅

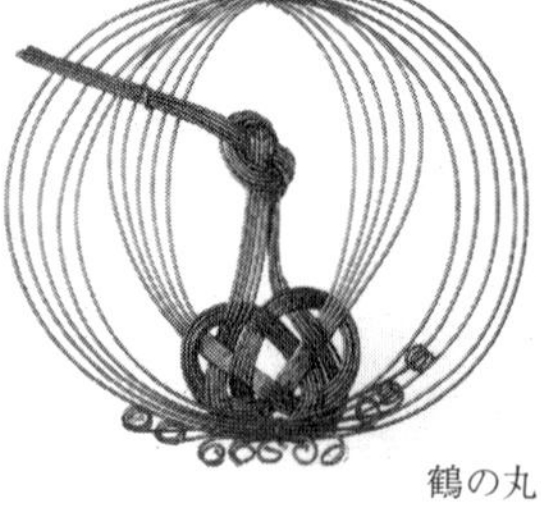

鶴の丸

日の出・鶴・双葉松

三　草結び

先に挙げた額田氏による結びの形態分類は「つなぐ」「たばねる」「くくる」「しばる」「しめる」など結びの持っている機能とも重なるが、結びの機能はこれに止まるものではない。「つたえる」という機能も結びの重要な役割の一つであった。意思を伝達する手段として結びが用いられていたのである。

唐代、六二九年に編纂に着手し六三六年に完成したとされている『隋書』倭国伝には、

「文字がなく、木に刻み目をつけたり縄に結び目をつけたりしていたが、仏法を敬うようになって、百済〔に〕仏教経典を求め得たことにより、初めて文字をもつようになった」。（『東アジア民族史』1・正史東夷伝、山尾幸久訳）

と記されている。この記事は、文字を持たない時代の日本では、木の刻み目や結びが、記録や意思伝達の手段として用いられていたことを物語っている。こうした結びの使い方は、文字以前だけではなく、比較的近い頃まで各地で見られたことであった。沖縄で昭和初年まで使われていた藁算などは、その一つである。これは、藁の結び方、結び目の造り方によって人口や面積、穀物の生産高、一戸分の賦課高など複雑な内容を表していたのである。

沖縄の藁算（写真：工藤員功）

また、東北地方では萱や菖蒲のような葉の長い草を採って、二箇所か三個所くらい玉結びにしたものを草結び、玉結びなどといって、通信に使っていたという。近世になると草ではなく紙を結んで、吾妻結びともいった。草結びにしても、吾妻結びにしても、その結び様、結び場所などに約束があり、それで意思を伝えることが出来たのである。藤原相之助氏の『東亜古俗考』（春陽堂書店一九三二年）には、五二種の結び方があったと記されている。菅江真澄の『凡国奇器』には草結び、吾妻結びとは書いていないが、南部国浜館で見た、想う女の許におくる結び紙の図が載せられている。男の想いを受け入れる場合は結び目を一箇所に引き寄せて返し、嫌な場合は貰ったままの状態で返すのだという。

本居宣長の『玉勝間』に「讃岐国人女をよばふ

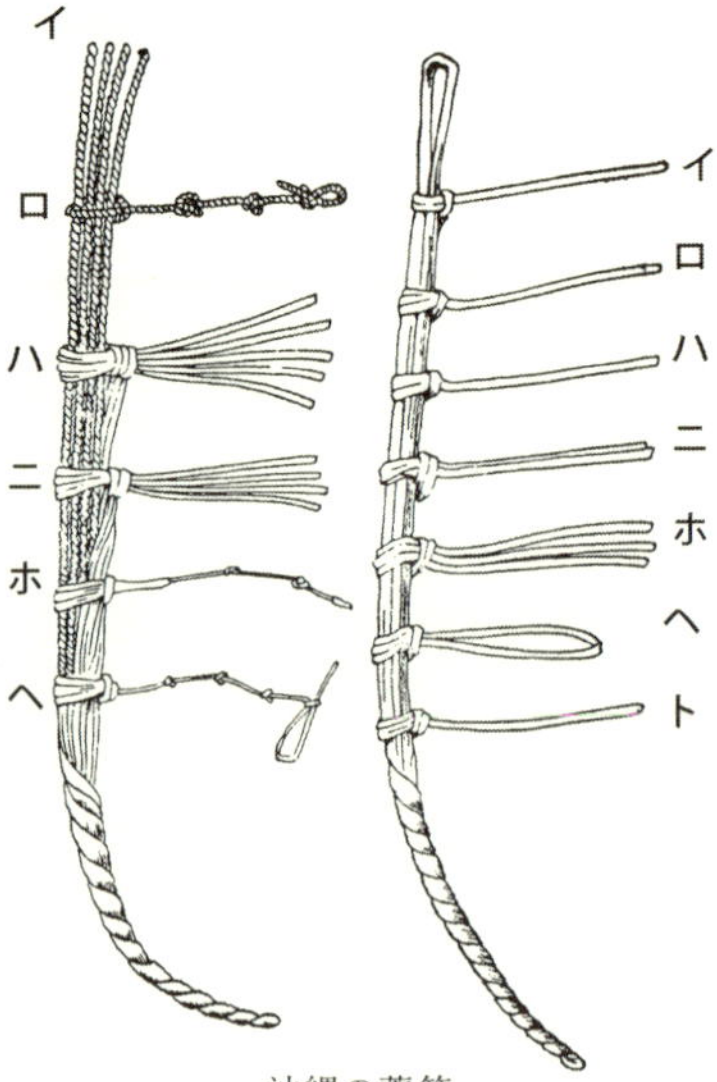

沖縄の藁算

【右】イの家には一人、ロ、ハの家にも各一人づつ、ニの家には二人、ホの家には三人あることを示す。へ、即ち藁を折り曲げたるは道路を示し、トの家には一人あることを示す。

【左】イ米一石を表はす。一俵は二斗五升入なれば、四俵は一石なり。ロ先端大きく結びたるは五斗を表はし、一つの結びは一斗を表はす。都合七斗。ハ一本は一升を表はす。都合五升。ニ一本は一合を表はす。故に四合。この座は藁の心を用ふ。ホ二つ結べる故二勺なり。藁の細き心の部分と然らざる部分とあることに注意せよ。へ先端の結びは五才なり。他は一才づつ。故に八才。

（『琉球古来の数学と結縄及記標文字』矢袋喜一 沖縄書籍販売社 昭和五十七年）より。

に藁を結びておくる事」という一節がある。讃岐国の村里の男たちは、求婚の印として、藁を二本合わせて上下二ヵ所を玉結びにして想う女の許におくる。ここでも、女が許す場合には結び目を中央につくように寄せて返し、拒否する場合には藁を一本ずつに離して返すのだという。

恋する青年が相手の女性の家の門に美しく彩った木を立てる習俗があった。それを錦木といった。「錦木」という能にも創られて名高いのだが、その作品の典拠とも考えられる『俊頼髄脳』には「錦木とは陸奥国に、をとこ女をよばはむと思ふ時、消息をやらで、薪を伐りて日ごとに一束、その女の家の門の程に立つるを、逢はむと思ふ男の立つる木をば程なく取り入れつれば、その後は木をば立てでひとへに言ひ寄りて親しくなりぬ。逢はじと思ふ男の立つる木をば、いかにも取り入れねば、

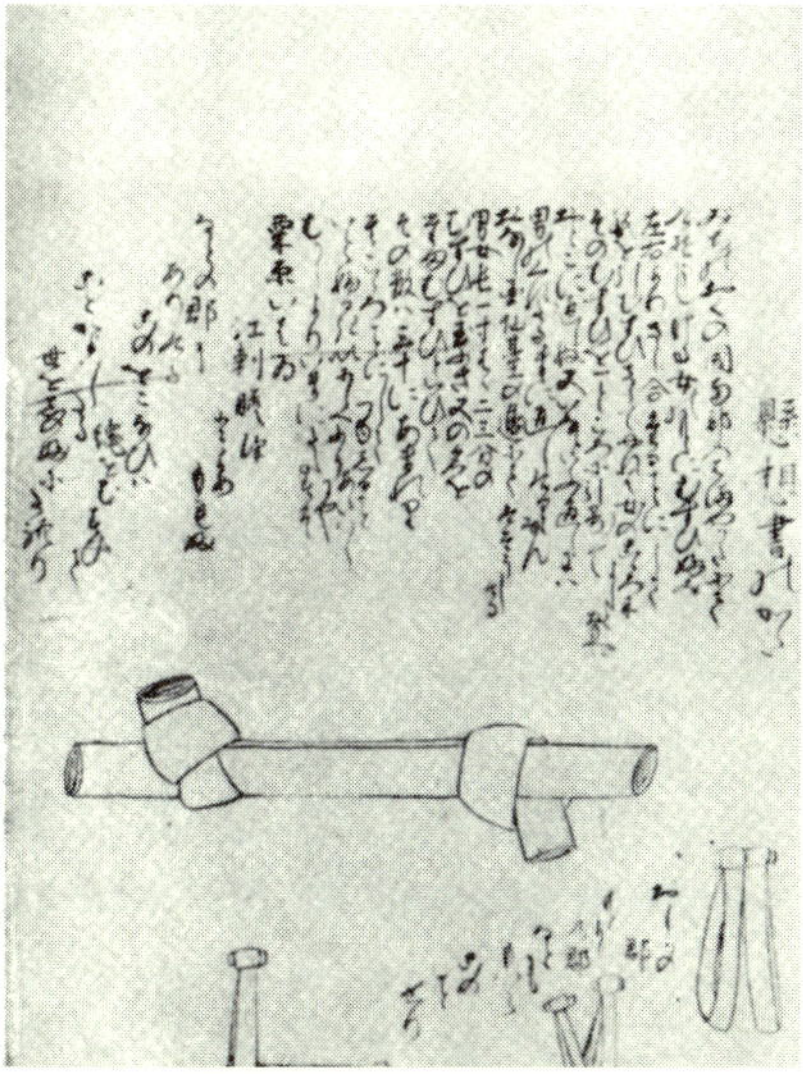

結び紙の図（『凡国奇器』より）

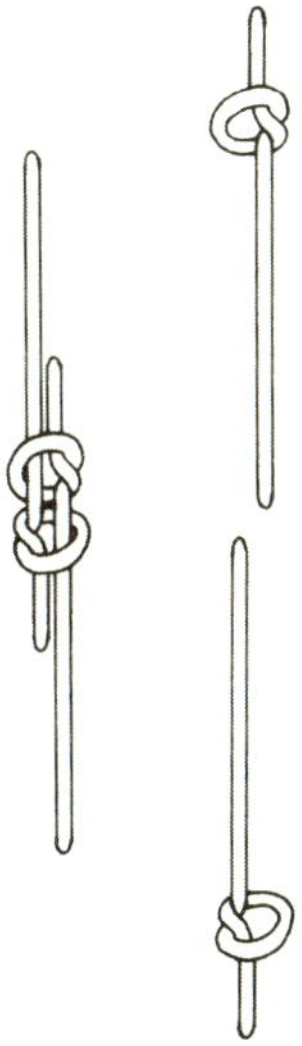

求婚の藁結び（本居宣長『玉勝間』より）

千束をかぎりにして三年立つるなり」とあり、錦木といっても美しく彩色した木ではなく、結び束ねた薪を立てたらしいのである。門松を立てる際に、その基部に添える年木と同種のものであろうか。

男は恋の想いを結びに込めて贈る。その結びに込められた男の想いを女性が受け止めた時、新しい世界が展開し始めるのである。

『万葉集』に

君が代も我が代も知るや岩代の岡の草根をいざ結びてな（巻一―一〇）

とある。歌意は「貴方の命も私の命もつかさどる岩代の岡の草をさあ結びましょうよ」で、草を結ぶことが二人の想いの確認になっているということが出来るであろう。

『万葉集』には「妹が門行き過ぎかねて草結ぶ風吹き解くなまたかへり見む」（巻一二―三〇五六）というのもある。「あの娘の家の前を素通り出来なくて草を結んでおくが風よその結びを吹き解くなまた来てみよう」といった意味だが、草を結んで想いを伝えようとする若者は古くからいたのである。

『万葉集』には「二人して結びし紐をひとりして我は解き見じ直《ただ》に逢ふまでは」（巻一二―二九一九）ともある。このような歌は数多く収められている。この歌は「二人で結んだ下紐を一人だけで私は解いてみたりはしまい直接に貴方に逢うまでは」といった意味だが、ここにも結び目に想いを込める若い二人の心が示されている。

このように結びが一つの力を持ち得たのは、それが単に人間のみの約束ではなく、そこにカミが介在していたからに違いない。
いまも、想いを綴った恋文を結び文にして遣り取りする男女は少なくないのである。

四　結びの呪力

稗搗節で有名な宮崎県椎葉村では、共有山の萱刈りの前に数本の萱の頭を結んだ。これをシメといった。シメは山の口に近い下手に立てるから、それより上手は他の人が刈ることは出来なかった。富山県の五箇山地方では茸の占有標識として柴を結んでシメにしたという。徳島県那珂川流域の山村では焼畑をする前に、地貰いということをした。焼畑地の中央に萱などを結んだシメをたて、お神酒をあげて山の神に焼畑にすることを頼み、許可を得るのである。シメが立てられている場所は他の人が拓くことは出来なかった。

椎葉村では、焼畑が鳥獣に荒されるのを防ぐためにも、萱の先を結んで三〇センチぐらいの間隔で畑の周りに立てたという。これだけのことで鳥獣が防げる筈はないのだが、この山の人びとは防ぐことが出来ると信じていたのである。

鹿児島県肝属《きもつき》郡百引《もびき》村などでは薪や刈った萱草などを積んだ上に先を曲げた竹、または二本の竹を立て、その上を結び合わせたものがある。これをシメクサというのだが、こうしておくと誰も手をつけることはできなかった。流木などを拾った場合、萱、藁などを結んで立てておく風は近年まで、広い地域で見られたことである。

「シメ」は「占め」であるというが、人間世界の単純な占有標識ではなく、カミとの関わりの上で成立したものであったと考えられる。

ここでは多くの例をあげることが出来ないが、萱や藁を結んだものの背後に、魔を払い幸運を呼ぶ呪力の存在を感じることは出来るであろう。

このことを典型的に示すのが、シメナワである。

伊勢地方のシメナワは、毎年正月に新しくされ、以後一年を通して門口に飾っておかれる。そこには「笑門」とか「蘇民将来」などと書いた木札が付いている。笑門は「笑う門には福来る」という成句の略で、福を呼び込む祝言である。蘇民将来は、『風土記』にも伝えられた説話を基にした災いを防ぐ呪文である。それには、また、柊・榊・裏白などとシデが結い付けられている。一般には、海老・橙・昆布などもつけられている。いずれも、めでたい祝儀物として知られているものである。

ここで問題となるのは、シメナワが藁で造られているということ、結いあげてあるということ、垂れ下がった部分があるということであろう。

伊勢地方のシメナワ

枝垂れ桜が寺社の境内に多く植えられていたり、柳の下に幽霊が出たりするように、枝の垂れた木は特別なモノと関係が深いのである。何かが垂れているという状態に、我々の祖先は、天上から降りて来るカミが宿りやすいと考えた。幽霊もカミの一種である。

シメナワが示す占有標示は、カミのそれである。椎葉村の萱を結んだシメも、そこがカミの占める場であるから、人間は手を付けてはいけないという意味が込められているに違いない。建物を建てる時の地鎮祭でもシメナワが張られるが、それも、この土地をカミが占有したので、当然、その建造物も災いから逃れられるという考えに裏打ちされている。

正月のシメナワやワカザリは、その家がカミの家であることを示すと同時に、カミを迎える用意が出来ているという標示でもあった。それを藁を結って造るのは、藁に特別な力があると考えていたからであり、また結ったり結んだりするところにも特別の意味を感じていたからである。

ソラデ、ソラウデというのは、田植えなどの激しい労働のために、指や腕が急激に痛みだし、動かなくなることであるが、これにかかった時の治療法は、障子の穴や鍋の弦を通して異性の末子に手首を糸などで結んでもらうことであった。ここでも、結び目に特別の呪力を見ているといえるであろう。

大和長谷寺に参籠した男が、観音の告げを得る。その内容は、最初に手にしたものを、それが何であっても授かり物と思えというものであった。男は、寺を出る時、つまづいて転ぶ。そして、手にふれたのが一本の藁しべであった。男は、この藁で虻を結んで歩いていると、子供が欲しがるので、それを子供に与え、お礼に蜜柑を貰う。更に蜜柑と布、布と馬、馬と田圃と、次々に取替えていって、ついには長者になるという話がある。

これは、観音霊験記の一つとして『今昔物語集』に載せられているのだが、これと同じ系統の「藁しべ長者」の話は、東北から中国・九州・沖縄地方まで広く昔話として語られている。この話は、一本の藁を元にして、次々と取替えてゆくことで、長者になってゆく展開に何となく合理性があるように思わせている。単に物を粗末にしてはいけないという教訓話として受け取られそうだが、そんな単純なものではないだろう。観音の告げによって最初に手にするのは、何でもよかったというわけではないだろう。それは藁でなければならなかったし、それで虻を結わえるところにも意味があったと考えられる。藁を結んだ時に、それまでとは全く異なった新しい生命が誕生したのではないだろうか。

掌で水をすくって汲むことも「ムスブ（掬ぶ）」という。両手を合わせて水を汲む新しい容器を作るから結ぶというようにも考えられるが、『万葉集』所収の「命を幸《さき》く良けむと石そそく垂水の水をむすびて飲みつ」（巻七―一一四二）を見ると、手を結ぶという行為が呪的な意味をも持っていたことが明らかとなるであろう。当然のことながら、修験者の結ぶ印《いん》なども同じである。

長野県北部の諸郡に見られた風習に、嫁の入家式にその尻を叩くというのがある。例えば上高井郡都《つ》住《すみ》村では、花嫁の入る台所口の両側に若者が一人ずつ藁束を持って立ち、よめが敷居をこすと同時に、それで尻を打った。その藁束は結んで屋根へ投げ、それが落ちてくるのは悪兆として忌んだ。千葉県君津郡にも類似の風習があった。

徳島県祖谷山地方では、ハズ（カラムシ）という木で粥杖を二本作り、正月十四日神棚に供え、十五日の朝に粥に浸し、家の中の柱を二、三度叩いてから門口の清い場所に持って出て立てた。島根県八束郡恵曇《えとも》村片句浦では、一月十五日に白粥を食べる。その箸を粥杖というが、これは六日に山からとってきた茅で作った長さ一尺程のものである。この粥杖はとっておいて、種蒔きの日に、十文字に結んで苗代に立てた。その結び方によって稲の種類を示したという。

「鼻結びの糸」というのは、子供が生まれてからお七夜までの間にクシャミをする度ごとに、その数だけ糸を結んで結び目をつくり、お七夜すぎに臍の緒と一緒に箱に納めるという習俗である。幼児のまだ完全に定着していない魂が、クシャミと共に外に出てゆくのを防ぎ止める呪術である。

これらの習俗の背後にも「結び」の呪力を感ぜずにはいられない。

結び目はカミの宿る場所でもあり、また、結びに人の心を込め、カミと精神世界において交流することも出来たのである。そして、そこから新しい生命が誕生したのである。

五　ムスと結び

「縁を結ぶ」という言葉がある。それを結縁《けちえん》ともいい、仏道に帰依することをいう。すなわち、仏と衆生との精神的結合を意味している言葉なのである。「縁を結ぶ」は「結婚する」という意味で用いられることも多いのだが、それは、「結ぶ」が、単に異なる二者を繋ぐとか、束ねるといった意味だけではなく、精神的結合をこそ期待する言葉だったからに違いない。

「手を結ぶ」とか「実を結ぶ」とかいった表現が、具体的に人と人とが手を繋ぐといった行為や、樹木に果実が稔るといった状況を意味するだけではないのも「結ぶ」という言葉が本来持っている意味内容の反映であろうと思われる。

「点と点を線で結ぶ」といった表現は数学で用いられているが、これも、個々別々に独立していた点を関連した一つの物として考えることであり、その場合、むしろ両者を繋いで出来あがった新しい一本の線こそが重要となって来るのである。ここにも「結び繋ぐ」の真の意味の反映が見られるのではないだろうか。

このように見て来ると、「露を結ぶ」「庵を結ぶ」「文章を結ぶ」といった表現も、一つの完成した新しい姿の誕生を意味していることが明らかとなるであろう。

「ムス」という言葉がある。何もない所から「草や苔が生じる」といった意味のようである。『万葉集』に見られる「ムス」は、「草ムス」が一例「苔ムス」が一〇例で、他には見られないのである。一例を示すと、次のような歌がある。

妹が名は千代に流れむ姫島の子松がうれに苔むすまでに（巻二―二二八）

『古事記』の冒頭に登場する造化三神の中のタカミムスヒノカミとカミムスヒノカミに「ムスヒノカミ（産巣日神）」といった呼称を与えたのも、天地万物の創造に関わる基本的なカミの呼称として「ムス」が最も相応しい言葉であったからに違いない。
「結ぶ」という言葉は、この「むす」と深く関係した言葉と考えられる。

むすび

『万葉集』所収歌の中での「結び」は様々であるが、よく知られているのは有馬皇子の「結び松」であろう。

磐代の浜松が枝を引き結びま幸《さき》くあらばまたかへりみむ（巻二―一四一）

歌意は「磐代の浜松の枝を引き結んでおこう、もし幸いにも無事でいられたら、また立ち帰って見よう」で、十九才の若さで処刑された皇子の悲劇を象徴する歌として有名である。松の枝を結ぶことによって、皇子は心をそこに込め、カミに祈ったのである。当然、その背景には恋する青年の姿があった。それが悲劇性を高めているといえるだろう。

同じ『万葉集』に

八千種《やちくさ》の花はうつろふ常磐なる松のさ枝を我は結ばな（巻二〇―四五〇一）

という歌もある。大伴家持の歌である。「数々の花は色が褪せてゆくが私たちは常緑の松の小枝を結んで永遠を誓おう」といった意で、政治的に中道を歩んで命を保とうという提言と解釈されているが、この歌を詠じた家持を離れて、永遠の愛を誓っている二人の姿が見えて来るのは、結ぶという行為に潜む愛の歴史故かも知れない。

『伊勢物語』に

　思ひあまりいでにし魂のあるならむ夜ふかく見えば魂結びせよ

とか、『源氏物語』葵巻に

　なげきわび空に乱るるわが魂を結びとどめよしたがひのつま

とかあるのは、着物の褄を結ぶことによって恋する者の魂をとどめることが出来るというまじないを背景にしているのだが、結ぶという行為が恋する者と深く関わっているとする考えは後代まで続いていたのである。

十一月の中の寅の日、宮中では鎮魂祭が執行された。たましずめのまつり・みたましずめ・みたまふり、などともいい、新嘗祭の前日の行事であった。天皇は、一年で最も重要な祭礼である新嘗祭に臨むに際して、まず鎮魂祭を行なったのである。『令義解《りょうのぎげ》』巻一の神祇官の項で鎮魂に割注して「離遊之運魂ヲ招イテ、身體之中府ニ鎮ム、故ニ鎮魂ト曰フ」とある。この祭儀の基本は、天皇の御魂をその体内に鎮め安定させるところにあった。それは、天皇の生命を確としたものとするということであった。

鎮魂祭は神秘的な行事である。『江家次第《ごうけしだい》』などによると、ウケを伏せて置き、御巫《みかんなぎ》が賢木の木でそれを衝《つ》くのだが、その時、神祇官は天皇の御衣《おんぞ》を入れた葛筥に糸を結び、ウケが衝かれる度ごとに一つ二つと糸を結んで十の結び目を造ってゆくのである。その間、女蔵人は筥を開いて振動させている。なお、ウケは槽のことである。

『古語拾遺』は「凡そ鎮魂の儀は天鈿女命《あめのうずめのみこと》の遺址なり」と記して、御巫の職は天鈿女命の縁につながる猿女《さるめ》氏が正当と主張しているのであるが、その根拠となるのは天の石屋戸の神話である。この神話は、天照大御神の死と再生の儀式ということが出来るであろう。この時、アメノウズメノミコトはウケを伏せ、それを踏みならし、裸になって踊った。その結果、天照大御神は再生するのである。『古語拾遺』の記述は、九世紀の初頭には鎮魂祭が天の石屋戸神話と関連する儀式として受け止められていたことを示している。

鎮魂祭は、まさに死と再生の儀式であった。そして、その儀式の中で結ばれる十の結び目は、明らかに目で確認出来る紐結びなのだが、それは、まさに天皇の生命の再誕の象徴でもあったのである。

(『特別展・結びの美』武蔵野美大美術資料図書館　平成三年十二月)

細く、柔らかなるモノの力

藁しべ　―カミの恵

一本の草・一本の藁にも、ときには、まったく違った世界を作り出す力があると日本人は考えてきた。

「稗搗節」で有名な宮崎県の椎葉村では、焼畑が鳥獣に荒されるのを防ぐために、周囲の萱を刈り取り、その萱の先を結んで、三〇センチほどの間隔で畑の周りに立てたものであった。これだけのことで鳥獣が防げるはずはないのだが、この山の人びとは防ぐことができると信じていたのである。このときに立て並べる萱は、単なる雑草の萱ではなかったに違いない。

徳島県木頭地方では、共有地で焼畑をするとき、火入れの前に、その場所に萱を結んで立てた。それで、権利が確保されたのである。

また、流木を拾ったときは、それに萱の先を結んだものを挿したり、石を載せたりしておくと、他人が持っていかないといわれていた。今でも河原や海岸で時折見かけることのできる風習である。先の椎葉村では、共有山の萱を刈る前に、自分の刈りたいと思う場所の下手の数本の萱を結んで標《シルシ》とした。これをシメといった。シメから上の萱は他の人が刈ることはできなかった。

これらは占有標識と考えられているが、単純に人と人との間の約束ごとに基づくものとはいえないだろう。

大和の長谷寺に参籠した男が、観音のお告げを得る。それは、最初に手にしたものを、それが何であっても授かり物と思えというものであった。男は、寺を出るとき、つまづいて転ぶ。そして、手にふれたのが一本の藁しべであった。男は、この藁で虻を結んで歩いていく。すると、それを子どもが欲しがるので、子どもに与え、お礼に蜜柑をもらう。さらに、蜜柑と布、布と馬、馬と田圃と次々と取り替えてゆく。そして、ついには長者になったという話がある。

この話は、観音霊験記の一つとして『今昔物語集』に載せられているのだが、これと同じ系統の昔話「藁しべ長者」は、東北から中国・九州・沖縄地方まで広く語られている。一本の藁を元にし、次々と取り替えて、最後には長者になってゆくという展開は、なんとはなしの合理性があるように思わせる力を持っている。物を粗末にしてはいけないという単なる教訓話として受け取られそうであるが、それほど単純なものではないと思われる。観音のお告げによって最初に手にするのは何でもよかったというわけではなかったに違いない。それは藁でなければならなかったし、それで虻を結わえるところにも意味があったと考えられる。

福岡県遠賀郡芦屋町では、八朔の日に、子どもの病気を追い払うために藁馬を作る。中国地方に多くみられる藁馬は、一月十五日の小正月の夜に村の若者が家々の入り口にそっと置いておくもので、それを見つけた人は、初春の吉事と喜んで神棚にあげ、翌日、塞の神に供えて幸運を祈るのである。藁で作った馬は各地にあって、現在では、土産物として

藁馬（長野県桐原）（写真：工藤員功）

売られているところも多い。

また、西日本でみられるサネモリサマは、多く巨大な藁人形で、害虫を追い払うムシオクリの行事に用いられる。その藁人形を担いで村中を巡行した後に、村境に立てたり、川に流したりする。同じような藁人形は、東北地方でもみられ、ショウキサマとかカシマサマなどと呼ばれている。もちろん、馬や人形が大きな意味を持っていることはいうまでもない。

しかし、その材料が藁であるということも、充分考えてみなければならないであろう。

ここでは多くの例をあげることができないが、萱や藁の背後に、魔を払い幸運を呼ぶ呪力の存在を感じることはできるだろう。このことを典型的に示しているのが、シメナワである。

ヤクヤマイニンギョウ（岩手県和賀郡湯田町）
（写真：工藤員功）

シメナワ　―カミの標

伊勢地方のシメナワは、当然のことながら毎年正月に新しくされるのだが、以後、一年を通じて門口に飾っておかれる。そこには柊・榊・裏白などとシデが付けられている。一般には、橙・海老・昆布なども付けられている。いずれも、めでたい祝儀物として知られているものである。そして、そこにはまた、「笑門」とか「蘇民将来」などと書いた木札が付いている。笑門は「笑う門には福来たる」という成句の略で、福を呼び込む祝言である。蘇民将来という言葉も『風土記』以来の災いを防ぐ呪文である。『備後国風土記』の逸文に、現在は広島県芦品郡新市町にある疫隅《えのくま》神社にちなむ次のような話が載っている。

昔、この辺りに、兄弟がいた。兄の蘇民将来は貧しかったが、弟の将来は豊かだった。あるとき、旅をしてきたカミが、日暮れになったので宿を借りたいと頼んだ。弟は宿を貸さなかったが、兄の蘇民将来は、貧しいながらも、粟飯を炊いて接待をした。その後、何年か後、カミは再び訪れ、蘇民将来に「汝に子があれば、茅の輪を腰の上に着けしめよ」と告げた。蘇民将来は、カミの言葉に従い、娘の腰に茅の輪を着けさせた。カミは、その夜、蘇民将来の娘ひとりを残して、村人をことごとく殺してしまった。そして「後の世においても疫病が流行したら、蘇民将来の子孫といって、茅の輪を腰に着けた者は疫病を免れるであろう」と告げたのである。

この神話は、本来、六月と十二月に行なわれる祓いの行事で

伊勢地方のシメナワ（蘇民将来）（写真：工藤員功）

ある茅の輪神事の起源譚であるが、民間では、いつの頃からか、疫病除けや災難除けの護符として、紙に「蘇民将来之子孫」と書いて門口に貼ったり、蘇民将来と呼ばれる木柱を作って立てたりするようになったのである。茅の輪神事は、茅で作った大きな輪を神社の境内などに設置し、それをくぐるものである。それをくぐると、災厄から逃れ得るといわれている。

室町時代の一条兼良の著作『公事根源』に、

けふは家々に輪をこゆる事有、「みな月のなごしのはらへする人はちとせのいのちのぶといふなり」、此歌をとなふるとぞ申つたへ侍る

とあるから、少なくとも、中世には、この茅の輪の神事が行なわれていたことは確かである。そして、現在各地でみられるのと同じような形式ができあがっていたのである。

『後永尾院当時年中行事』に

晦日、みくらみな月の輪を調進す。—中略—（天皇は）麻のはを右の手にとらせまします、上らふ輪のはしをもたぐ、先左の御あしを踏入たまふ、次に御右、「みな月のなごしのはらへする人は千とせの命のぶといふ也」、と云歌を御口のうちに唱たまふ、これらも俗にならふ事にや

とあり、世俗に習って、天皇家でも同じような儀式を行なっていたことがわかる。

この茅の輪は、シメナワと同じく、茅や藁を結い上げて作られている。シメナワで問題となるのは、藁で作られているということと、垂れ下がった部分があるということであろう。柳の下に幽霊が出たり、

枝垂れ桜が寺社の境内に多く植えられていたりするように、枝の垂れた木は何か特別なモノと関係が深いのである。何かが垂れているという状態に、われわれの祖先は、天上から降りて来るカミが宿りやすいと考えたようである。幽霊もカミの一種である。

シメナワの垂れ下がった部分はシデの一種であろう。そして、それは相撲のサガリとも共通するといえるであろう。鹿児島県知覧町のソラヨイは、仲秋の名月に訪れてくるカミが豊作を約束するといった行事であるが、子どもたちが扮するカミは、藁の帽子を被り、サガリを着けている。サガリはカミを表す標であったといえるであろう。

シメナワのシメはそこを占有するといった意味であるが、占有するのは人間ではなく、カミである。先の椎葉村の萱で作る標のシメも、そこがカミの占める場であるから人間は手をつけてはいけないという意味が込められているのである。建物を建てるときの地鎮祭でもシメナワが張られるが、それも、この地をカミが占有したので、当然、その建造物も災いから逃れることができるという考えに裏打ちされている。

正月のシメナワは、その家がカミの家であることを示すと同時に、カミを迎える用意ができているというシルシでもあった。それを藁を結って作るというのは、先にみたように、藁に特別な力があると考えていたからに違いない。

蓑　―カミの衣

蓑は、藁・茅・スゲ（菅）・イグサ（藺草）・カジ（梶）・シナノキ（科）・シュロ（棕櫚）などの茎・皮・葉などを編んで作られた。

十世紀の中頃、源　順《みなもとのしたごう》によって著されたわが国最古の漢和辞書である『倭名類聚抄』には、蓑について「和名　美能。雨衣也」と記している。古くから「ミノ」と呼ばれ、雨具と考えられていたのである。しかし、一般には、雨のときに着るだけでなく、防雪・防寒・日除けなどとしても多く使われてきたし、荷物を背負って運ぶ際の背中当てとして使われることも多かった。

ところで、『倭名類聚抄』では、蓑は、笠や杖とともに、「行旅具」の項に挙げられている。日常に用いる雨具ではなく、旅人が主として着用するものと認識されていたようである。そのことは平安時代の末から中世にかけての絵巻物によっても知ることができる。絵巻物にみられる蓑姿の最も早い時期のものは『信貴山縁起絵巻』であろう。そこでは、旅する信濃の尼に従う下人が、俵を背負った上に蓑を着ている姿が描かれている。絵巻物にみられる蓑を着た姿は、荷を持つ人か旅人が多いのである。

『日本書紀』の巻一に、次のような話が載っている。

神々の世界から根の国へ追放されたスサノオノミコトは、霖雨《ながあめ》に出会う。そこで、スサノオは青草で笠と蓑を作り、それを着て旅を続けた。そして、蓑を着たままの姿で、宿を神々に求めた。しかし、神々は、行ないが悪いから追い払われるのであって、泊めることはできないと拒否した。スサノオは、激しい風雨の中、休むこともできずに旅を続けた。

『日本書紀』は、

「それより以来、世、笠蓑を著《き》て、他人の屋の内に入ることを諱《い》む。また、束草を負ひて、他人の家の内に入ることを諱む。これを犯すこと有る者をば、必ず解除《はらへ》を債《おほ》す。これ、太古の遺法《のこれるのり》なり」

と続けており、犯した者は何らかの罰を受けるというのである。

蓑笠姿では他人の家には入らないものという風習が古くからあったのである。

「蓑笠を着て家の中に入ったら茄子がならぬ」

という諺があるが、これなどもそのような行為を戒めたものである。

秋田県の男鹿半島では正月十五日の夜、鬼の姿に仮装した村の青年たちが、数人が一組になって家々を訪れる。ナマハゲと呼ばれる有名な行事である。ナマハゲは、赤鬼・青鬼の面を着け、藁蓑に藁沓の姿で、木製の包丁と桶を持って来訪する。家の中に上がりこんだナマハゲは、主人から酒食の接待を受ける。

ナマハゲは、

「新年おめでとう。陸では万作、海では大漁なるよう」

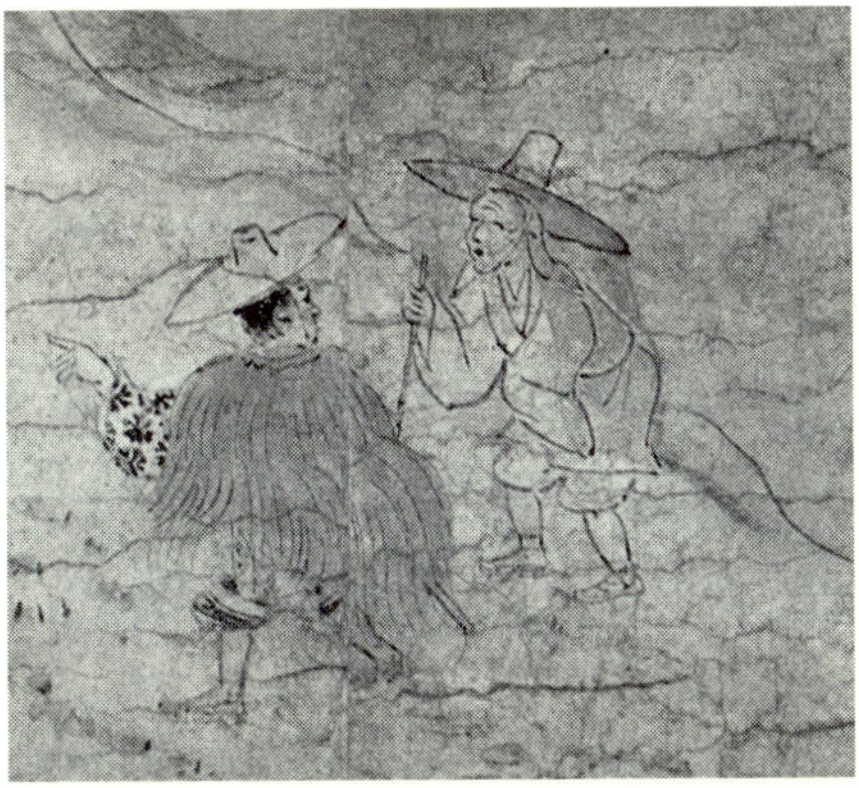
蓑を着た下人（『信貴山縁起絵巻』より）

といい、主人は、

「ナマハゲドン、御苦労でした。お山も荒れて寒がったしべ、ずっぱり上がってたんせ」

と酒をすすめる。その後、ナマハゲは、

「泣く子いぬがー、怠け嫁・怠け婿いねがー」

と大声をあげ、押入れや戸棚を開けて子どもや嫁を捜しまわる。主人はナマハゲをなだめ、さらに酒をすすめて帰ってもらうのである。なお、この行事は、現在、大晦日に行なわれているようである。

ナマハゲが荒れ回った後に蓑の藁屑が落ちる。それを拾って頭に巻くと一年中頭痛がしないと信じられている。ナマハゲを演じる青年の話によると、面を着け蓑を着ると自然に荒々しい気持ちになるということである。このナマハゲは、来訪神の一種である。

来訪神は、全国各地にみられる。岡山県では、正月十四日の夜に仮装した者が家々を訪れる。コトコト・ホトホト・ゴトゴトなどと呼んでいる。人に見られないように顔をかくし、また、蓑笠を着て、一升枡、篩、盆、重箱、笊などを持ち、その中にゼニサシ、藁馬、牛の鼻繰《はなぐり》、牛のクチガセなどを入れて訪れるのである。川上郡川上町大賀では桑の木、同町地頭では栗の皮で作った小さな鍬を入れて持っていっ

ナマハゲ（『真澄遊覧記』より）

た。そして、持ってきた枡などを家々の縁側に置いて、雨戸や縁板などをトントンと叩いてから、姿を見られないように隠れる。家の人は、その音を聞きつけると、

「コトコトが来たぞ、祝うてやれ」

といい、枡の中のゼニサシや藁馬を取って年神棚にあげ、かわりに餅、ミカン、柿、小銭などを入れて縁側に置き、戸を閉める。コトコトはその枡を持って帰るのである。

このような小正月の来訪神はホトホト・コトコト・トロヘイなどと呼ばれる場合が多いが、そのほとんどは蓑笠を着けて夜中に訪れる。鹿児島県屋久島宮之浦のトシノカミも、蓑笠を着けて、夜中に来訪する。そして、十歳までの子どものいる家で、子どもに向かって、

「お前は今年何歳になる。じゃかて見ていると、お父さんやお母さんのいうことをきかず、何月何日にどういうことをしたではないか。またすると年を取り戻すぞ」

などといって脅していくという。

蓑笠を着けて、夜中に訪れるモノは、カミだったのである。ナマハゲも鬼の姿をしたカミであった。だからこそ「陸では万作、海では大漁なるよう」と予言すること

ミノ（新潟県）（写真：工藤員功）

もできたのである。そして、蓑笠は、それらのカミを象徴するものであったのである。蓑を着たままで家に入ることを忌むのは、カミの来訪と間違われることを恐れたからである。カミを迎えるためには、当然、それなりの用意が必要であったし、また、みだりにカミは訪れるものではなかったのである。

ところで、カミは、遠い異次元世界から遥々と旅をしてやって来るのであった。蓑笠が旅のための用具と位置づけられてきたのは、旅する者は、マレビトであり、カミであるという考えが背景にあったからに違いない。

『日本書紀』巻三、神武天皇即位前紀戊午《つちのえうま》年九月の項に、次のような話が載っている。

大和国の磯城《しき》のヤソタケルや高尾張の赤銅《あかがね》のヤソタケルなどが天皇と戦おうとしていた。天皇が祈ると、夢に天の神が現れて、天香具山の社の埴土《はにつち》を取って平瓮《ひらか》を八十枚造り、また、巌瓮《いつへ》を造って、天神地祇を敬い祀れと告げた。天皇は、シイネツヒコに粗末な衣服に蓑笠を着せて老父《おきな》の姿に作り、また、オトウカシに箕を被せて老嫗《おみな》とし、天香具山に向かわせた。敵兵たちは、醜い老翁・老婆だといって、彼らを見逃した。二人は天香具山の土を持って帰った。

この話は、蓑笠や箕などによる仮装の意外な効果を示しているのだが、当然、その背景には、蓑笠を着けたものがカミであるという考えがあり、それが二人を老翁・老婆と判断させたと考えられる。老翁と老婆は、奈良の春日若宮御祭の田楽風流の作り物や能『高砂』にみられるように、カミそのものであった。

昔話に、山へ入った子どもが天狗をだまして蓑笠を手に入れる話がある。それを着けると姿を隠すことができるので、子どもはいたずらをする。蓑を見つけた母は、汚いと焼いてしまうが、子どもがその灰を身に塗ると身を隠すことができたというのである。

昔話の多くは、蓑笠の持ち主を天狗としているが、狂言の『節分』では、鬼から女房が隠れ蓑と隠れ笠をだまし取ることになっている。本来、蓑笠はカミのものであったから、このような話も生まれたのである。そして、それらを着けることによって、人間には見えないように姿を隠すことができるのも、カミになるからであった。

大晦日の夜、蓑を逆さに着て岡に登って自分の家を眺めると、自分の家の来年の吉凶をみることができるという俗信がある。嘉永三年(一八五〇)刊行の山崎美成《よししげ》著『提醒紀談《ていせいきだん》』巻五に、

吾邦の古も、大歳の夜、国見、草摘むとて、高き屋にのぼりて蓑笠さかさまに著なして、明の年の運を見るとかや。古歌に、「ことだまのおぼつかなきにをかみすと梢なからに年をこすかな」とよめり。十二月晦日、岡に登り、我が両足の間より居地の気を観て、明年の吉凶を知る。これを国見といへり

とある。この場合も、未来を観る力を持つカミに変身しているからこそ可能となったのであった。

長野県北安曇郡では、八月十五夜に、十五歳と十七歳の男子が逆さ蓑を着て踊りながら蒔いた芥子の花は、十五色に咲くといっている。佐渡の内海府では、十五夜に藁蓑を逆さに着て、泣きながら芥子の

種を蒔くと、その種は薬になるという。

蓑笠は、単なる外套・雨具ではなかった。それを着けるものは、まさしくカミだったのである。

（『くらしの造形　五―わら・つる・くさ』武蔵野美術大学美術資料図書館　平成六年七月）

扇

はじめに

オウギ（アフギ・扇）は、日本人には馴染みの深いものである。ウチワ（ウチハ・団扇）とともに、高温多湿の日本の夏には無くてはならない涼をとる道具の一つであった。最近は少なくなったが、少し前までは誰もが持っていた。家の中では団扇を使っても、外出時には扇を携行し、使った。今でも和服で正装の場合には扇は欠かせないものと考えられている。

扇と団扇はともに煽《あお》いで風をおこす道具である。日常生活での使い方、役割で共通するところが多いのだが、台所などで火をおこす時には団扇が使われるが扇は使わない。ハレの場、儀礼用としては扇が多く使われてきたといった程度の違いはみられる。

初源と伝播

十世紀の中頃、源 順《みなもとのしたごう》によって著わされた最古の漢和辞典である『倭名類聚抄』には、ウチハ（宇知波・団扇）とアフギ（阿布岐・扇）、蒲葵扇は別項に記されているから、平安時代には別のものとして認識されていたといってよい。ところで、扇という文字は、

　とこしへに夏冬行けや裘《かわごろも》扇放たぬ山に住む人（巻九―一六八二）

という万葉集の歌や、『続日本紀』天平宝字六年（七六二）八月の条に「詔シテ特ニ宮中ニシテ扇ヲ持チ杖ヲ策《つ》クコトヲ聴《ゆる》ス」とあるのが古い使用例だと考えられるのだが、この扇が「アフギ」と訓《よ》んだのか、

どんな形式のものであったかは明確ではない。この頃の扇は、中国式のウチワであったろうというのが一般的な見方である。

『大漢和辞典』には「扇」の字解として、第一義には、とびら・あみど、特に竹製の戸をあげ、第二義に、うちは・あふぎがあげられている。中国ではウチハもアフギも同じ「扇」で表していたのである。しかし宋・元以前にはまだ摺扇(折畳扇)を作ってはおらず、摺扇をも扇というようになったのは、ずっと後れて明代の中頃からであろうかと『名物六帖』などの中国の書物に記されている。明代以前の中国において「扇」は団扇、方扇を指す言葉であった。

現在、私たちが扇という言葉で連想する折畳扇を、中国では倭扇、摺扇、摺畳扇、撒扇などと称している。『図画見聞詩』には、倭扇というのは鴉《からす》羽《ば》色《いろ》の紺黒紙で作られたもので、高麗国から来貢する人が使い、また売物にもしていたが、その大本は日本で作り出されたものであると記している。日本で発明された扇が朝鮮半島に伝わり、高麗朝の頃には朝鮮でも生産され、中国に貿易品としてもたらされる程になっていたのであろう。

摺畳扇《すりだたみ》は日本で発明され、中国や朝鮮半島、そしてヨーロッパにも伝えられたものである。ちなみに、日本の扇が中国にもたらされたのは、北宋の端拱元年(永延二年・九八八)が最初だとされている。この年、宋に派遣された僧嘉因らが献上した品の中に檜扇二十枚・蝙蝠《かわほり》扇二枚を納めた金銀蒔絵の扇筥一合があったことが『宋史日本伝』に記されている。明の時代になると中国でも摺扇が作られるようになるが、日本の扇もまた、遣明貿易船によってかなり輸出されている。ヨーロッパに摺畳扇が伝えられたのは十六世紀になってからであった。大航海時代の幕開けによって東洋にたくさんやって来たポルトガル人やスペイン人の手によって伝えられ、ヨーロッパ全域にひろがったのである。

檜扇から紙扇へ

摺畳扇、いわゆる扇が日本で何時頃から作られるようになったのか、明確ではないが、平城京跡から出土した木製品に檜扇と考えられているものがある。厚さ約一ミリ、幅は下部で約二センチ、上部で約三センチの檜柾目の薄板十一枚で一組、板の下部に要穴《かなめあな》を穿《うが》って結ぶようになっている。中央部の板が最も長く三十二センチ強、左右に行くにしたがって短くなり、上端が斜めに切られている。最も短い両端の二枚は二十二・六センチと二十五センチ強で、ひろげた状態にすると、角度約五十五度に開き、縦長の扇状になる。

これは作りも粗《あら》く、檜扇では橋《きょう》と呼ばれる板の長さが揃っていない、上部の綴じ穴がない、などの点で平安時代の檜扇とは形態がよほど異なっているが、檜扇の原型になるものと考えてよいように思われる。だとすれば、檜扇は奈良時代にすでにあったことになる。

奈良時代には蝙蝠扇があったかどうかはわからないが、平安時代になると檜扇と蝙蝠扇の二種類の扇が出てくる。檜扇は、檜の長さ一尺、幅一寸程の薄板を二十枚から多いもので三十数枚を一組とし、下部に要穴をあけて結束し、さらに上端近くを糸または紐で綴ったものである。檜の柾目を使ったものが多いが、杉板目のものもある。杉板目のものを杉横目扇といった。蝙蝠扇は竹を割《さ》いて薄く削った骨を扇紙の裏に貼った片貼扇《かたばり》で、現在の紙扇の原型となるものである。「カワホリ」と読んでいる。

現存する遺品やその使い方などから、檜扇が先にでき、蝙蝠扇が後に作られるようになったと考えられている。平安時代の遺品の中で最も古い扇は、京都東寺の千手観音菩薩像の胎内から発見された「元慶元年（八七七）十二月専当」と墨書銘のある檜扇である。この檜扇は二十枚綴じのものであるが、先にあげた銘文の他に草木、鳥、文字などが落書き風に描かれている。字や絵が落書きされているということは扇の起源を考えるうえで重要な意味を持っている。

檜扇の起源は、笏《しゃく》から始まったという説もあるが、最近は木簡《もっかん》より出たとする説が有力である。笏は貴族や神官が儀式の時に持つものである。これに儀式の次第などを書いた紙を貼った。この紙を笏の押紙《おしがみ》といった。一種のカンニングペーパーである。笏は備忘録としての機能を持っていたのである。

蝙蝠扇（『貞丈雑記』より）

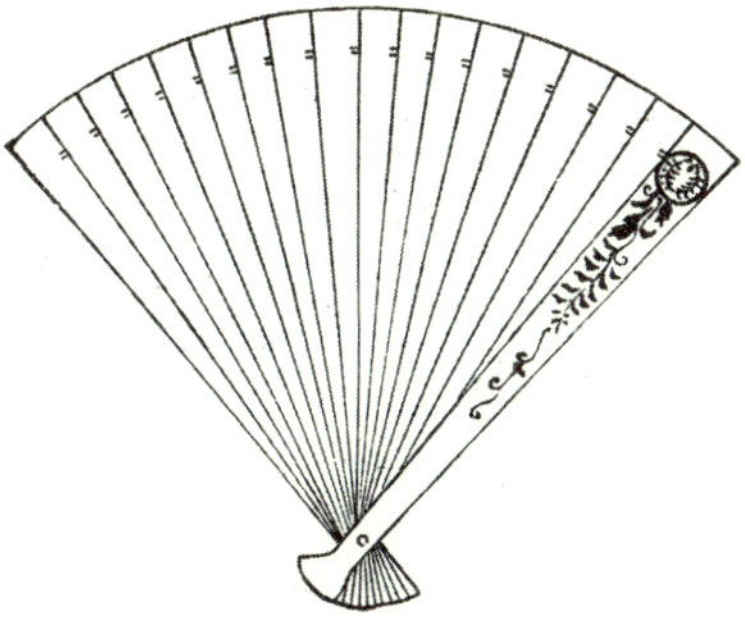

檜扇（『装束図式』より）

扇の役割

現在の私たちは扇の第一義は起風招涼だと考えている。そのことに間違いはないのだろうが、古くから扇や団扇には、涼をとるためだけではない多様な使い方があった。その一つが記録具としての役割であろう。香道志野流で香席の記録をつけるために用いる記録扇などはその伝統をひくものであろうし、扇合せの扇も、扇の華美や趣向を競う側面が強くなるが、もとは扇面に和歌を書き、その優劣を競う歌合せから出発したものであった。

木簡は記録具である。中国では紙のない時代、紙の不自由な地域では、記録用として木や竹を薄く削った木簡や竹簡が多く使われたことは周知の事実である。日本でも木簡が平城京跡その他から多数出土している。簡一枚に書ききれない記録は何枚もに連ねて書き、綴じたり、重ねて結んだりした。冊子本や折本は竹簡、木簡にその起源があると考えられている。日本では一連の木簡の下部に穴を穿ち結んで開きやすいようにした。これが扇の源流ではないだろうか。平安時代の公家たちが正装の時に持つことになっていた男用の檜扇は白木素地のものであったが、それも記録具としての役割を持っていたからだと考えてよいだろう。

檜扇の直接の起源が木簡にあり、竹骨に紙を貼った蝙蝠扇が紙の普及にともなって出てきたものであったとしても、笏との類似性もまた見逃すことはできない。笏は押紙を貼るためだけのものではない。むしろそれは二義的なもので、本来の笏の用途は、それを持つことのできる地位を象徴するものであり、トリモノの一種である。笏は誰でもが持つものではない。天皇や公家、僧、神官などマツリゴトに携わる人が、ハレの場、マツリの場において持つことのできるものであった。

扇もまた同様の性格を持っている。だから、平安時代も半ば以降になると天皇・皇太子の持つ檜扇は蘇芳染《すおうぞめ》、公家は白素地、十五歳以下の童形の者は杉横目扇などと決められてもくるし、板数も位によって公家以上は二十五橋、殿上人は二十三橋などの決りができたりもするのである。

檜扇は限られた世界にしか普及しなかったようであるが、蝙蝠扇に端を発する紙折りの扇は、貴族や武家の社会だけではなく、庶民の世界にもひろがった。そのことによって使い方もまた多様に分化するのだが、扇の持つ意味は、その多様な姿の中からも読みとることができる。

トリモノとしての扇

現在もなお扇が最も良く残っているのは能や舞踊、茶道などの芸の世界であろう。芸能の中で用いられる扇は、トリモ

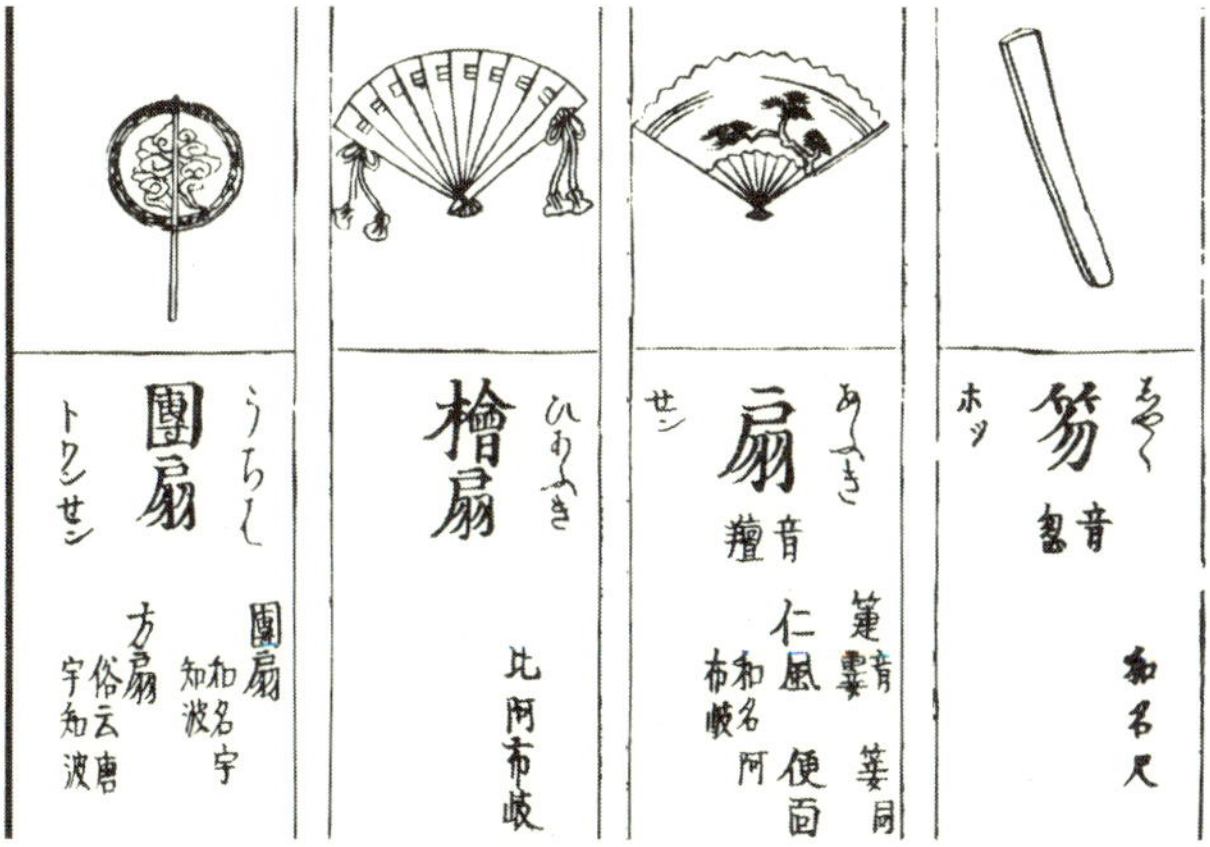

笏・扇・檜扇・団扇（『和漢三才図会』より）

ノとして使われる場合が多い。神事芸能、特に巫女がそれを手にして舞う芸能に見られる扇は檜扇だが、明らかにトリモノといってよい。そこには松や鶴の絵が描かれている。

トリモノについては、内侍所御神楽歌の「採物」の項に多くの例があげられている。そこには、榊・幣・杖・篠・弓・剣・桙・杓・葛・欅・八葉盤《やひらで》などが示されている。八葉盤は、たくさんの柏の葉を竹串に挿して円形の皿状にした食器であるといわれているが、非常に団扇・扇に近似のものということができる。そして、それを持って舞う時、

八葉盤を　手に取り持ちて　我韓神も　韓招ぎせむや
韓招ぎ　韓招ぎせむや

といった歌謡が歌われるのである。「韓《から》招《お》ぎ」の意味が不分明であるが、韓風の呪術によってカミを招こうという意味と考えられる。すなわち、扇状のものによってカミを呼ぶのである。ここに、扇の役割の原初的姿を見ることができるであろう。トリモノは、それにカミが降臨するのである。そして、それ

扇屋（「扇屋店先図屏風」大阪市立博物館蔵）

を手に持つ者が神聖な存在となってゆくのである。

アフギはアフグ（あおぐ）という動詞から出た言葉だと考えられている。「煽ぐ」は何かを振り動かして風をおこすことであるが、そのことによって何ものかに活力を与えることをも意味している。タマフリは力を失った魂を振り動かして活力を与え、再生させることである。

愛媛県日吉村犬飼では人が急死した場合などには屋根棟に登り、笠をもってあおぎ、大声で死者の名を呼んだという。これをムネヨビといった。こうすることによって死者の魂を呼び戻し、蘇生させることができると考えていたのである。

また、一日で表千町、裏千町の田植えを終わらせようとした長者が、沈みかけた太陽を扇で招いたら太陽が上って田植えを終えることができたが、その田圃はすべて湖になってしまったという朝日長者の伝説はよく知られている。ここでは、扇によって太陽が招き戻されているのである。

「煽ぐ」ことは呼び招くことでもある。煽ぐための道具である扇は、単純に起風招涼のためのものではなく、異次元のモノ、つまりカミを呼び招く呪力を持ったものと考えられていたので

扇所（『人倫訓蒙図彙』より）

ある。だから、マツリゴトに携わる人のトリモノとなり得たのであろう。祭の中心人物は、羽織袴・裃姿などの正装で、扇を所持することを忘れないのである。人はこれを持ち、威儀を正してハレの場にのぞむことによってカミを呼ぶことができたし、そのことによって自らを聖なるものとし得たのである。トリモノは、人を聖なるものに化すためのヨリシロなのである。

扇の民俗

扇をヨリシロとする例は民俗行事の中にたくさん見出すことができる。

家を新築した際の上棟式の幣串に扇を用いるのは一般に見かけられる光景である。

毎年七月十四日に行なわれる熊野那智大社の祭は火祭の名で知られているが、また扇祭とも呼ばれており、十二体の扇様（扇神輿）を中心とする行列が神社から那智の滝壺まで渡御し、滝壺の前で扇褒式を行なう。扇様は緞子を張った細長い櫃に三十三面の扇と八面の鏡を飾った壮麗なものである。行列にはまた扇形に馬の絵を描いた馬扇もついている。出発前には拝殿前の仮屋で大和舞、田楽舞、田植舞などが奉納される。扇をヨリシロとする代表的な祭である。

伊勢の別宮である伊雑宮の御田植祭でも大きな扇形を竹に結びつけて御田に挿している。志摩の漁村ではこの扇の一部分でも獲得すると豊漁が得られるといって、御田植の後、これを奪い合ったという。伊勢神宮でも昔は御田祭が行なわれており、大御田扇と黒塗棒が重要な役割をはたしていた。御田植の最中に御田扇と棒を高く捧げ、集まった群集に振りかける。これに触れると疱瘡が軽くてすむといわれており、人びとは争ってこれに触れてもらおうとした。また御田植の後、御田扇に模した白木の小扇を配った。これは田圃の虫除けとして持ち帰り、田の畦に立てておいたという。

二月一日に行なわれる山形県櫛引町黒川の王祇祭の中心は、オウギ様と呼ばれる神体である。三本の木柱に麻布を結いつけて扇型にし、それぞれの柱の頭に梵天という幣をつけたものである。頭屋や春日神社社殿などで行なわれる重要な神事・大地踏みでは、このオウギ様をひろげ、それに覆われるようにして少年が床を踏む。オウギ様によって招かれたカミが少年に憑《よ》りまし、神聖な存在となった少年が大地の安定を約束するのである。

「扇面古写経」など扇面に絵を描き、経を記して寺院に奉納したものがある。これも、単に扇形が興味深いというのではなく、その形の持つ呪術性ゆえのものであったと考えられる。

『平家物語』で名高い那須与一の話は、平家側の揺れ動く船上に立てられた扇の的を与一が見事に射落とすという武芸話と考えられているが、棒の上に立てられた扇はカミを呼ぶものであり、まさに平家の象徴であったというべきであろう。

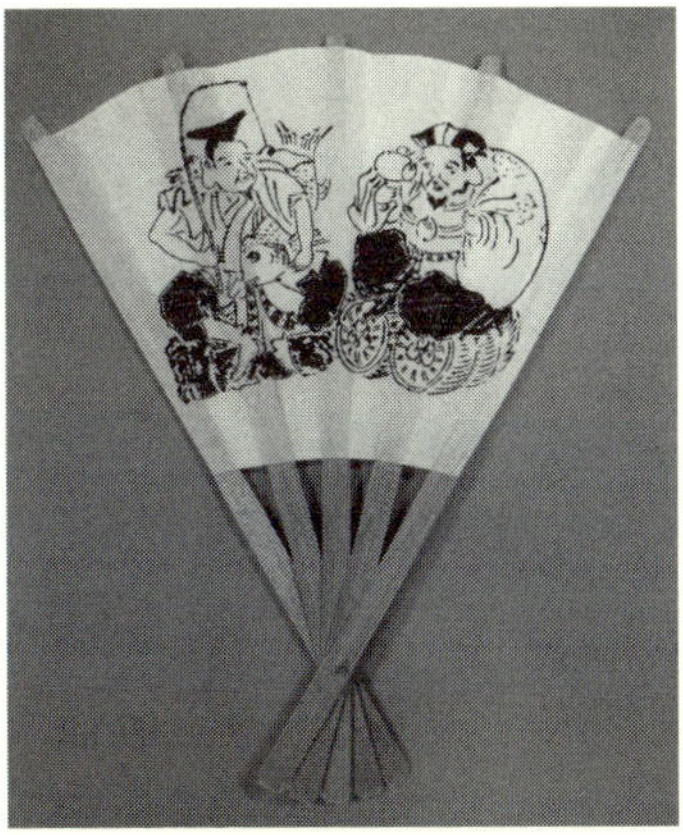

御田扇（猿田彦神社）

それを与一が射落としたのである。平家は、自らのカミを失ったのである。滅亡してゆくのは当然であった。

団扇は、台所などで用いられることが多いところから、もっぱら実用に用いると考えられている。しかし、五月十九日に奈良の唐招提寺で行なわれる団扇撒会式で参詣者に撒《ま》かれるのは団扇である。この団扇で煽ぐと、五穀豊穣、諸病平癒、請願成就するといわれている。このような力を持っているということは、扇と同じく、団扇もヨリシロであるということを示している。

東京府中の大國魂神社の李《すもも》祭の際に授与される烏団扇は門守りとして信仰を集めている。これも団扇が神札や絵馬などと同じくヨリシロであるところからきている。これと同じような団扇を授与する社寺は、高幡不動や高尾山など諸処に見られる。

日蓮宗で用いられる団扇太鼓も、それが神聖なトリモノであったからこそ用いられるようになったに違いない。

大國魂神社の烏団扇（写真：工藤員功）

中世以来戦場で大将が用いた軍扇・軍配団扇も、単なる指揮棒ではなく、それによってカミを呼び、勝利を呼ぶヨリシロとして用いられたのであろう。カミが宿っているからこそ、軍兵はその指揮に従ったのである。相撲の軍配も、カミによる判定だから文句はいえなかったのである。

アフギとウチハは古くから別種のものとされてきたが、このように見てくると、むしろそれらは同一の機能を持ったものとして認識されてきたというべきであろう。

むすび

日本にあった蝙蝠扇は、扇面の裏に骨を貼った片貼扇であった。両側に紙を貼った扇を発明したのは中国である。室町時代に、それを参考に、日本で差骨形式の作製法が開発された。これは、一枚の紙の間に骨を差し込んでゆくものである。主要産地は京都で、城殿扇子《きどのせんす》や御影堂扇が有名であった。扇の製作は分業制で、紙・骨・絵・仕立などがそれぞれの工程にしたがって細かく分かれていた。

扇には、先を閉じた鎮《しずめ》（沈）扇、先がやや開いている雪洞《ぼんぼり》、先が大きく開いている中啓《ちゅうけい》がある。鎮扇は、武士などが腰に挿していた扇で、現在でも一般的に用いられている。能のシテ

高幡不動尊の団扇

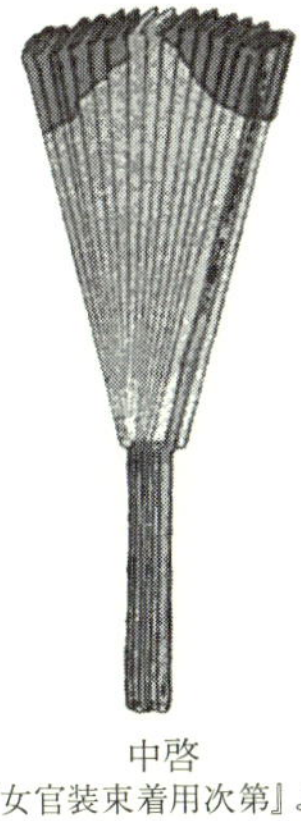
中啓
（『女官装束着用次第』より）

が用いる扇は中啓である。役の性格に関係なく、素袍《すおう》男以外は中啓を持つ。これは、能が、先の開いた中啓に特別の呪術性をみていたからと考えられる。能の中でも呪術性の強い「翁」で、松・亀・鶴などの絵が描かれた中啓を開いて、それに顔を隠すような演技をするところがある。見たところ、身体が棒になって、その上部に扇がひろがっている。そして、身体を後ろに反るような型をする。代表的なヨリシロである松がまさにそこに立っているといった風情である。

絵巻物などを見ていると、扇で顔を隠しているようにみえる人物が数多く描かれている。これは、扇で顔を隠しているのではなく、扇の骨の間から見ているのである。

網野善彦氏は、『異形の王権』において、これは「人ならぬ存在に自分をかえる意味」であるといっている。カミはみだりに姿を現すものではなかった。ヨリシロである扇の向こうから眺めることによって人間の立場で周囲を認識するのではないといった意識が働いていたようである。女性が顔を隠すのも、女性が神聖であった時代の名残りであるのかもしれない。

実用として所持していたか、服装の形式として所持していたかは別にして、扇は、常に、とっさに、自らを周囲の状況、俗なる世界から一歩離れた存在とすることのできるものでもあったのである。

（『なごみ』一三三号　淡交社　平成三年一月）

「絵心経」の話

「観自在菩薩　行深般若波羅蜜多時　照見五蘊皆空　度一切苦厄……」に始まり「掲帝（諦）掲帝　般（波）羅掲帝　般羅僧掲帝　菩提僧莎（娑婆）訶」で終わる般若波羅蜜多心経（般若心経）は、真理を認識する悟りの智恵をしめす般若経の精髄を、短く簡潔に説いたものとして知られ、広く一般民衆の間にも普及している。

日本に伝えられた漢訳般若心経には、鳩摩羅什《くまらじゅう》訳をはじめとして何種類もあるが、玄奘《げんじょう》訳の般若心経が最も流布している。玄奘訳般若心経は最後の般若陀羅尼を合めても全文二六〇字、冒頭に掲げたのはその一部である。僅かに二六〇字であるから暗記をするのはそれほど難しくはないが、これを正確に読むのは文字を知る人であっても、容易ではない。一般庶民の多くは、僧侶や先達の読誦を耳で聞いて覚え、暗誦するのが普通であった。読み書きのできる人は漢文で書かれた般若心経を暗記の手がかりにすることはできても、文字を知らない人にとって、難しい漢字の行列は手がかりにはならない。そういう人のために、般若心経の読みを絵によって表記したものが考えられた。それが「絵心経」である。ここに掲げたものもその一つである。

この「絵心経」は秩父札所八番、西善寺発行のものであるが、その基になっているのは盛岡の舞田屋版である。舞田屋は南部藩の御用印判師であったというが、文化年間（一八〇四～一七）頃から一枚刷りの「絵暦」や「絵心経」などの版行を行なっている。「絵暦」は俗に「盲暦」、「絵心経」は「盲心経」と呼ばれていた。これらの絵で表記した暦や経文類は「盲物」と総称され、読み書きの出来ない人びとにも容易に読むことの出来る便利なものとして親しまれていた。

現在でも時折「絵心経」を目にすることがあるが、そのほとんどが舞田屋版を手本にしているようである。手元に発行所の確認できない一枚刷り「絵心経」がある。これを、盛岡系や西善寺版と比べてみると、盛岡系・西善寺版では、腹巻をしてあぐら姿の男が桶を担いだ姿で行者を表し、ギョウ（行）と読ませているが、この版では将棋の駒の香車に濁点をつけてギョウにするなど、いくつかの違いがみられる。しかし大半の絵柄は共通で、盛岡系を下敷きにしていることがわかる。手元の版でも鋤（踏鋤）をシキと読ませている。これは鋤《スキ》をシキと訛る東北地方の発音からきたものであろう。盛岡系にはこの他にも幟などを竿に通すためにつけられた乳《チ》をツと読ませるなど、いくつかの方言や訛りが見られる。手元の版のツは鶴である。絵は万人に共通するものであるが、その読み方、判じ方には自ずと地方色が出るものである。

南部藩内には舞田屋版に始まる盛岡系以外に田山系と称される「絵暦」や「絵心経」があった。これは二戸郡田山村（現在の安代町田山）の八幡家で作られていたものである。橘南谿の『東遊記』（寛政九・一七九七年刊）などによって紹介され、早くから知られていたのは、この田山系のものである。『東遊記』には、天明三年（一七八三）の田山暦と絵心経、回向文が載せられているが、絵にかなりの脱落や間違いがあり、心経の原文を頼りにしても正確に読み下すことはできない。

盛岡系の「盲物」は田山系に触発されて出てきたもののようで、絵などははるかにわかり易く、巧み

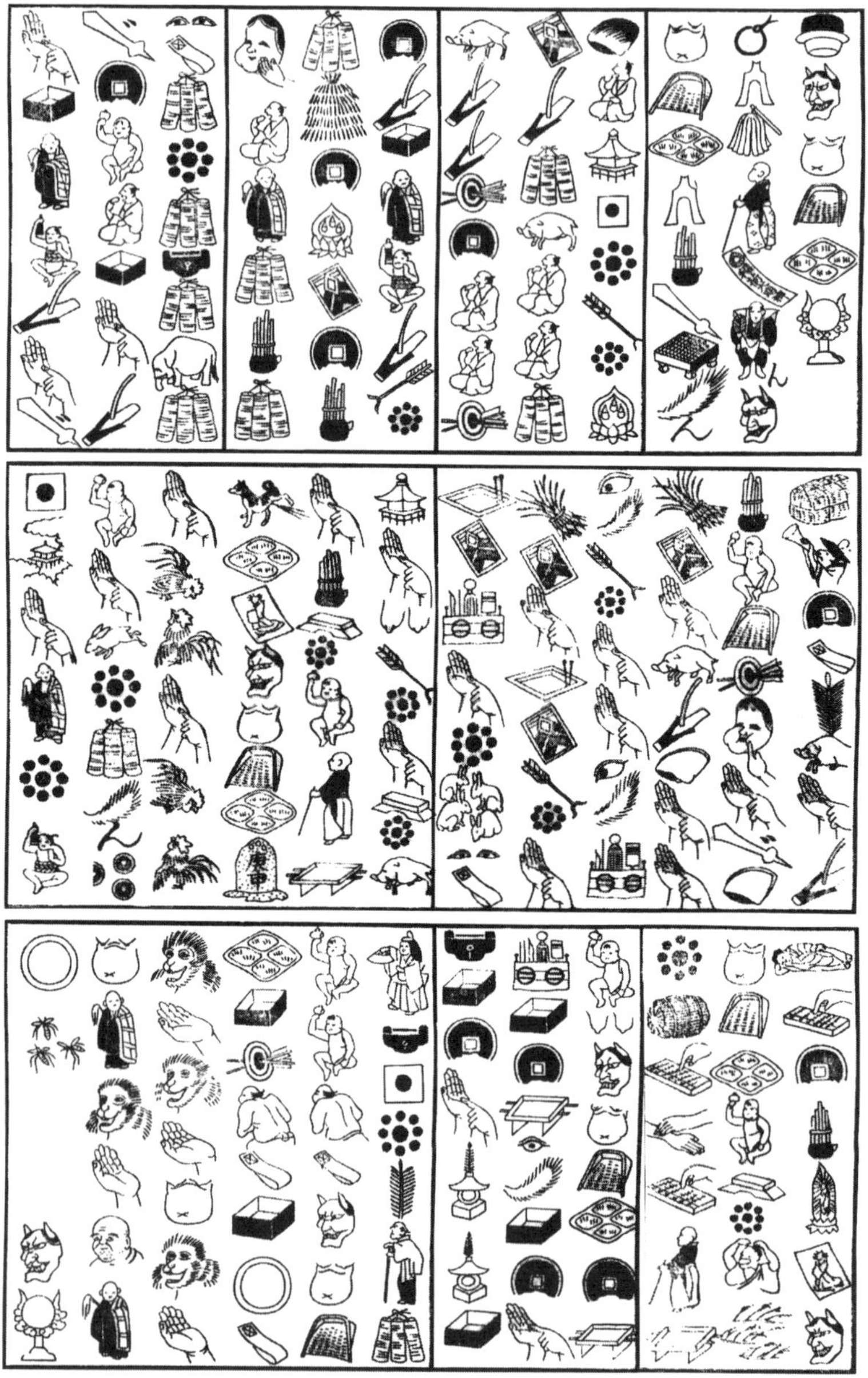

絵心経（南部盛岡版系統のもの）

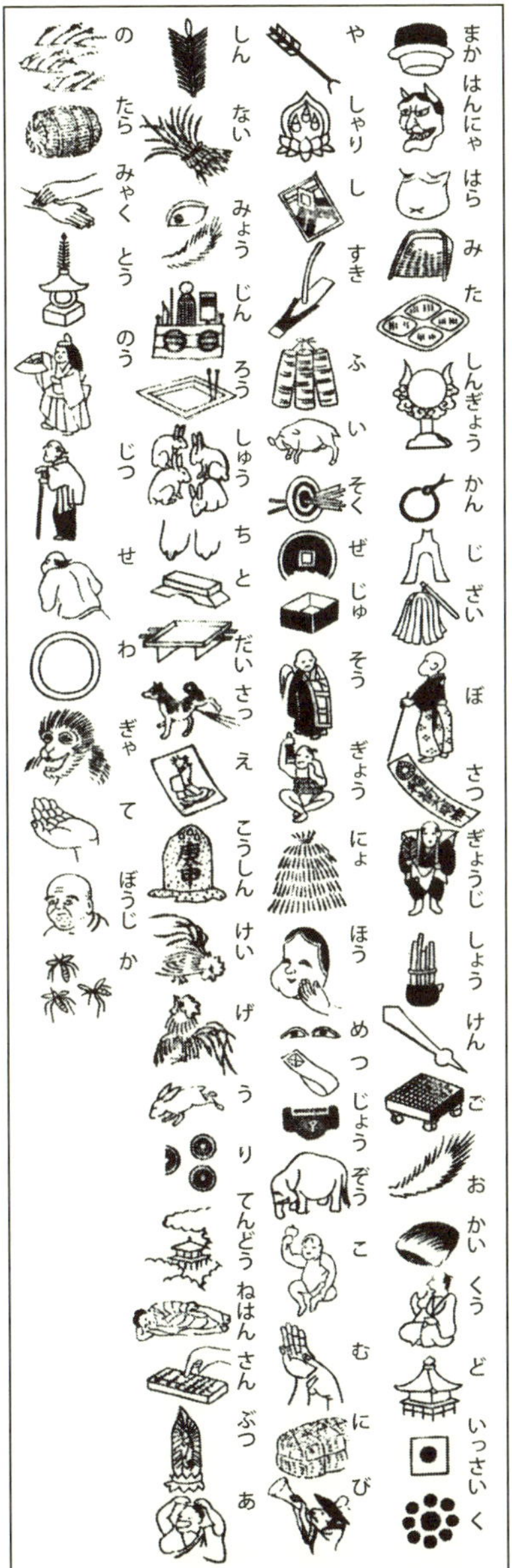

絵心経の絵文字の読み方

〈般若心経〉

摩訶《まか》般若《はんにゃ》波羅蜜多《はらみた》心経《しんぎょう》

観自在菩薩《かんじざいぼさつ》 行《ぎょう》 深《じん》般若《はんにゃ》波羅蜜多《はらみった》時《じ》 照《しょう》 見《けん》五蘊《ごうん》皆《かい》空《くう》度《ど》一切《いっさい》苦厄《くやく》舍利子《しゃりし》
色《しき》不《ふ》異《い》空《くう》空《くう》不《ふ》異《い》色《しき》色《しき》即《そく》是《ぜ》空《くう》空《くう》即《そく》是《ぜ》色《しき》受《じゅ》想《そう》行《ぎょう》 識《しき》亦《やく》復《ぶ》如《にょ》是《ぜ》舍利子《しゃりし》是《ぜ》諸法《しょほう》空《くう》相《そう》不《ふ》生《しょう》不《ふ》滅《めつ》不《ふ》垢《く》不《ふ》浄《じょう》
不《ふ》増《ぞう》不《ふ》減《げん》是《ぜ》故《こ》空《くう》 中《ちゅう》 無《む》色《しき》無《む》受《じゅ》想《そう》 行《ぎょう》 識《しき》無《む》眼《げん》耳《に》鼻《び》舌《ぜっ》身《しん》意《い》無《む》色《しき》 聲《しょう》 香《こう》味《み》触《そく》法《ほう》無《む》眼界《げんかい》乃至《ないし》無《む》意識界《いしきかい》無《む》無《む》
明《みょう》 亦《やく》無《む》無《む》 明《みょう》 盡《じん》乃至《ないし》無《む》老《ろう》死《し》亦《やく》無《む》老《ろう》死《し》盡《じん》無《む》苦《く》 集《しゅう》 滅《めつ》道《どう》無《む》智《ち》亦《やく》無《む》得《とく》以《い》無《む》所《しょ》得《とく》故《こ》菩提薩埵《ぼだいさった》依《え》般若《はんにゃ》波羅《はら》
蜜多《みった》故《こ》心《しん》無《む》罣礙《けいげ》無《む》罣礙《けいげ》故《こ》無《む》有《う》恐怖《くふ》遠離《おんり》一切《いっさい》顛倒《てんどう》夢想《むそう》究 竟《くきょう》 涅槃《ねはん》三世《さんぜ》諸仏《しょぶつ》依《え》般若《はんにゃ》波羅蜜多《はらみった》故《こ》得《とく》阿耨《あのく》
多羅《たら》三《さん》 藐《みゃく》 三《さん》菩提《ぼだい》故《こ》知《ち》般若《はんにゃ》波羅蜜多《はらみった》是《ぜ》大神呪《だいじんしゅ》是《ぜ》大 明《だいみょう》 呪《しゅ》是《ぜ》無 上《むじょう》 呪《しゅ》是《ぜ》無等等《むとうどう》呪《しゅ》能除《のうじょ》 一切《いっさい》苦《く》真実《しんじつ》不《ふ》
虚《こ》故《こ》説《せつ》般若《はんにゃ》波羅蜜多《はらみった》呪《しゅ》即《そく》説《せつ》呪《しゅ》曰《わつ》

羯帝《ぎゃてい》羯帝《ぎゃてい》波羅《はら》羯帝《ぎゃてい》波羅僧《はらそう》羯帝《ぎゃてい》菩提《ぼじ》薩婆訶《そわか》

般若心 経《はんにゃしんぎょう》

になっている。また印刷も、田山系は木活押印であるが、盛岡系は版木刷りにするといった進歩が見られる。しかし、それだけに古雅な感じは少なくなっている。

田山系の「盲物」は八幡家の祖である善八によって創始されたものだといわれている。善八は、平泉中尊寺の僧であったが、事情あって寺を去り、田山に来住し、村の書役などを勤めながら村の人びとに般若心経や観音経などを教えていたという。読み書きのできない人のために、「絵心経」や「絵経典」、「絵陀羅尼」などを手描きし、手本として与えていた。それが田山系「盲物」の始まりだと伝えられている。幕末の探険家で北海道の名づけ親として知られる松浦武四郎が、嘉永二年（一八四九）、この地を訪れた時、善八から「般若心経」や「観音経」を教えられたという老人がまだ生きており、善八手描きの絵心経などを大事に持っていたという。一枚ずつ手描きで作っていたものが、後には絵を木活にし、捺印するようになったものである。このあたりには正徳年間（一七一一〜一五）の絵心経が伝えられているという。ちなみに田山系の「絵暦」で残存する最

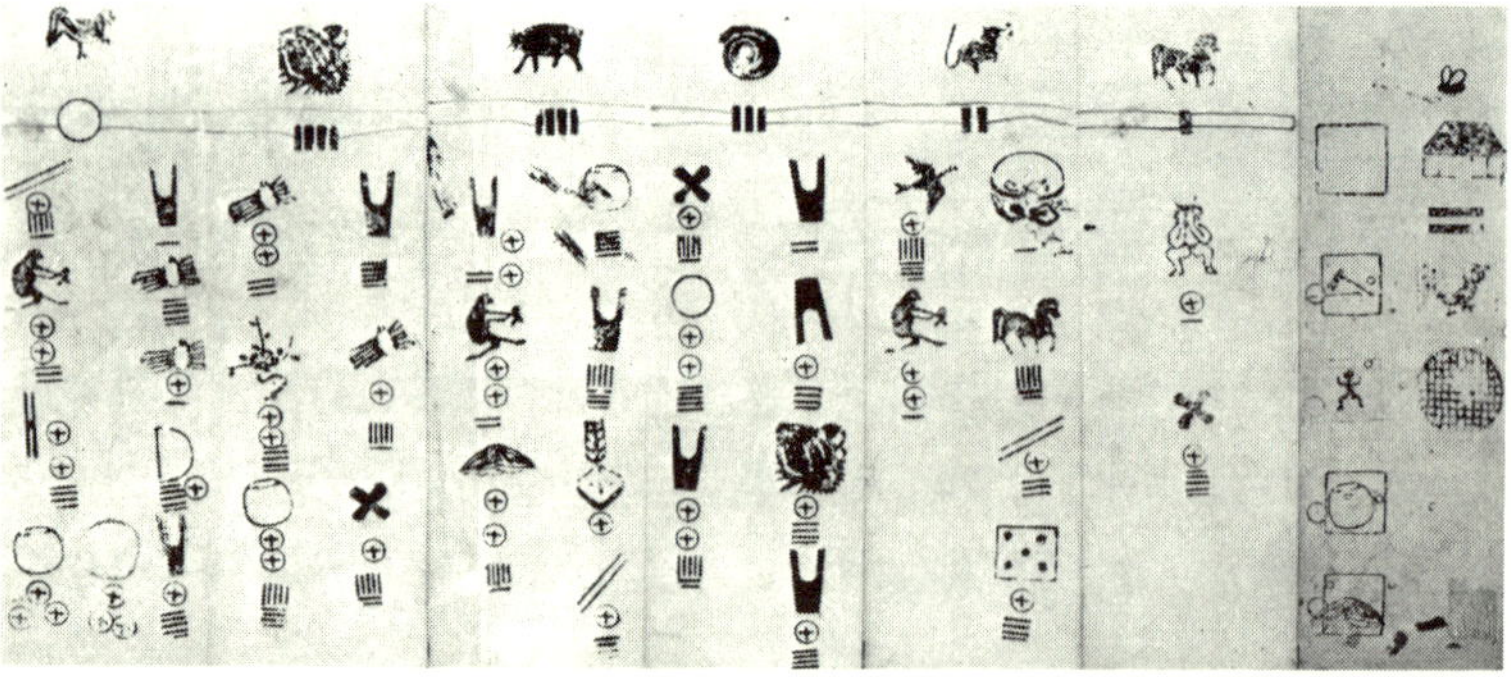

嘉永2年（1849）の田山暦（盛岡市公民館蔵）

古のものは天明三年（一七八三）のもので、「絵心経」や「絵陀羅尼」などから、「絵暦」に発展していったものと考えられている。初代善八だけではなく、八幡家は代々天台系の修験者であったというから、絵経典類は、仏教教化の手本として作られ、求める人に配られていたもののようである。松浦武四郎は『鹿角日誌』に「此村の婆子供に到る迄も心経舎利経十句観音経、少し才智の有者ハ普門品迄も誦し得るなり。実に希代のことと思わるべし」と記している。そして滞在中に入手した「消災陀羅尼」「仏母陀羅尼」「随求陀羅尼」「願文」と、村人に聞いた解説を紹介している。多様なものが作られていたことがわかるのである。

文字を持たない人びとも、これらの絵表記を手がかりに、経文や陀羅尼類を暗記し、仏前に座し、心静かに仏を念じながら読誦することによって平安の境地に達し、仏に帰依する道を得ることができたに違いない。

（『写経入門』淡交社　平成四年八月）

香りと民俗

田畑に立てられた一本足の藁人形、案山子《かかし》は、稔りの秋を迎える農村の、懐かしい景観の一つであった。

> かかし　鳥威しなり。胴大方藁にて拵へ、其上に古笠古蓑にて人形を作る。高三四尺斗。

と『耕稼春秋』に記されている案山子は、作物を鳥獣の害からまもるために田畑に立てられるものであった。現在の私たちは、カカシ・カガシという言葉で、藁人形の案山子だけを思い浮かべるが、カカシは必ずしも藁人形に限ったものではなかった。というより、本来は藁人形以外のものを指す言葉であったといったほうが正確であろう。鳥獣から作物をまもるためには、案山子以外に、いくつもの方法があった。

> 分けても猪は焼畑の敵である。一夜此者に入込まれては二反三反の芋畑などはすぐに種迄も尽きてしまふ。之を防ぐ為には髪の毛を焦して串に結付け畑のめぐりに挿すのである。之をヤエジメと言って居る。

これは、柳田国男が宮崎県椎葉村での見聞を記した『後狩詞記《のちのかりことばのき》』の一節であるが、髪の毛などの強い匂いを発するものを焼き焦がして、その匂いで鳥獣を追うのも、作物をまもる方法の一つであった。かつては広く各地で行なわれていた。岐阜県揖斐《いび》郡徳山村では椎葉と同様、髪の毛を焼いて串に挟んで立てるものを、ヤキズリ・ヤケズレと呼んでいたし、静岡県安倍郡の山村でヤイジモといったのは毛髪、鳥の羽、布切れなどを竹の棒に挾み、これを燻《くゆ》らせて畑に立てるものであった。また、飛騨地方では猪の皮や肉を焼いたものをヤキタテといい、岩手県東磐井郡では馬の毛を焼いて、串に刺し畦に立てるなどということをしていたのである。

いずれも焼くことに関連した名称で呼ばれているが、これは焼くことよりも、焼いた後の強い匂いに効果を認めていたであろうことは容易に推測できるところである。神奈川県北足柄地方でも、ぼろ切れに毛髪を入れて絢《な》い、火をつけて立てた。この地方では、これをカガシと呼び、魔除けのために立てるのだといっていた。このカガシは、カグ(嗅ぐ)、カガセの転化した言葉であろう。だとすれば、案山子のカカシ・カガシもまた、匂いを嗅がせるカガセに由来すると考えてよいだろう。そのことは早くに小山田与清《ともきよ》も指摘している。

小山田与清の『松屋筆記』に

> 按にカガシは、カガセの転語也。日蓮書録外□□の巻に、焼カガセとあるは、節分夜の焼串の事にて、鰯の頭を焼て柊に刺たる也。江戸にてヤキガシラといひ、武相の田舎にてヤツカガシといへり。ヤツカガシはヤキカガセの通音也。山田のカガシも、猪鹿の嫌物をくゆらしてかがせおどろかしむるゆゑにさはいへり。

とあって、案山子のカガシと節分に鰯の頭を焼いて戸口などに挿す行事とが、共通する思想から出ているらしきことを暗示している。

節分に鰯の頭を柊《ひいらぎ》の枝に刺して、戸口などに挿すのは全国的に見られる習俗である。これも、現在では生鰯の頭や目刺しを挿すことが多くなっているが、ヤキガシラとかヤイカガシなどという言葉がしめすように、鰯の頭を焼いたり、焙《あぶ》ったりして挿すのが一般的であった。静岡県磐田郡では、ヤイカガシといい、近い頃まで、年の夜に用いた楊《つげ》の箸を細く割り、これに鰯の頭と髪の毛や葱などを焼いて挾んだものを、

　ヤイカガシの候、西のばんばぁ、東のばんばぁ、しゃらくさい、

　フフラフー

と唱えながら、二本ずつ各所に挿したのだという。唱えごとの意味は、必ずしも明確ではないが、臭いことの戯れ言葉に「隣の婆」という語が多く使われることからすると、臭いということであろう。

ヤイカガシ

　節分のヤイカガシは

「厄神が鰯の臭気と柊の刺を恐れて入ってこない」

とか、

「鬼が目の痛さと匂いの臭さに閉口して逃げるように」

という呪いと考えられているのである。

　山田のカカシ（案山子）も節分のヤイカガシも、一般的には、髪の毛を焼いたり、肉を焼いたりした時

にでる強い匂い、悪臭によって、害をなすものを避けようとする呪いと考えられている点では共通しているのだが、邪悪なもの、害をなすものを追い払うということを目的とした行為、行事だといってしまってよいものだろうか。

節分の行事の一つに豆まきがある。煎った大豆を升に入れて、家の内部に向かって「福は内」と唱えながら撒くことで福を呼び、外に向かって「鬼は外」と唱え投げ打つことで鬼を追い払うのだと考えている。豆まきは、煎り豆を撒くのであり、その香りが大きな意味をもっているといえる。この場合は鬼を追うだけではなく、福を呼ぶ目的もある。

東北地方では、小正月に、豆の皮や蕎麦殻などに酒粕や豆腐粕などを混ぜたものを、家の周りに撒くホガホガという行事を行なう所が少なくなかった。秋田県仙北地方では煎り豆の皮に鰊の切身などを混ぜたものを箕に入れて、東から始めて右回りに、家の周囲を回りながら撒いたという。その時に、

豆の香も、ほんがほんが、米の香もほんがほんが、
やれ来る、飛んで来る、あきの方から、切窓から、
銭と金は、飛んで来る。

と唱えたものだという。ホガホガ、ホンガホンガというのは匂いを嗅ぐ時の擬音であり、豆の香りや米の香りによって、幸せをもたらすカミがやって来る、あるいは、やって来て欲しいという期待を込めての予祝行事だといってよいだろう。ちなみに明きの方というのは、恵方ともいい、歳神のやって来る方

角のことである。
年中行事の中で「匂い・香り」と関わりの深いのは五月五日の端午の節句であろう。
清少納言は、

節は、五月にしくはなし。菖蒲、蓬などのかをりあひたるも、いみじうをかし。九重の内をはじめて、言ひしらぬたみしかはらの住みかまで、いかでわがもとにしげく葺かむと葺きわたしたる、なほいとめづらしく、いつかことをりは、さはしたりし。

と『枕草子』に記している。さらに続けて、中宮の御殿などには、縫殿寮から献上された、様々な色の糸を組んだ薬玉《くすだま》を下げている。若い女房たちは、菖蒲のさし櫛を挿し、殻衣《からぎぬ》などに菖蒲の長い根や、折り枝などを組紐で結びつけたりしている。紫の紙に楝《おうち》の紫の花を包み、青い紙に菖蒲の葉を細く巻いてひき結び、また、白い紙を菖蒲の根にこしらえて結んでいるのも面白い。長い菖蒲の根を手紙の中に入れている人たちなども、とても優雅なことである。などと、この日の情景を描写している。
菖蒲、蓬は軒に葺くだけではなく、櫛や衣、あるいは文につけたりしているのである。また、薬玉もかけていた。現在の薬玉は、五月節句ではなく、開店祝や進水式、その他の式典などに彩りを添え、華やかにするために多く用いられるようになって、香りを主体としたものではなくなっているが、平安時代の薬玉は、麝香、沈香、薬草などを網袋にいれ菖蒲、蓬、その他草花などを結びつけて長い五色の糸を垂らし、柱などにかけたもので、美しく華やかであると同時に香りの高いものであった。薬玉も邪気をさけるものとされていたのである。

民間でも、この日に、菖蒲、蓬を家の軒に葺く風は古くからあったし、菖蒲湯をたてたり、菖蒲酒をつくる土地も多いのである。蓬や菖蒲の香りによって邪気を払い、災難を除けることができると考えていたのである。

愛知県や岐阜県などの中部地方の一部や高知県などには、五月五日もしくはその前夜を「女の家」「女の屋根」などといって、この時だけは女が威張ることができる日だといっている所がある。その理由は忘れられているが、恐らく田植月である五月の初めに、田植の主役として、田の神様に仕える早乙女となる女たちが、それに相応しい清浄で神聖な肉体になるために、菖蒲、蓬で葺いた家に入って籠もるということがあったのではないかと考えられる。そうしたことを背景にしての「女の家」「女の屋根」の習俗ではないかと思うのである。

蓬、菖蒲の香りは邪気を払う力をもったものと一般には考えられているのだが、「女の家」の蓬、菖蒲は邪気を払い、籠もりの場を祓い清めると同時に、早乙女となる女たちを神聖なものとすることのできる、カミを呼ぶ力をもったものであったといえるだろう。さらにいえば、蓬や菖蒲が、邪気を払うことができるのは、その背後に、香りに

女の家

よって降臨してきたカミがいるからだといってよいだろう。

盆の祖霊・ご先祖様は、門口や辻で焚く迎え火の煙に乗って来、送り火の煙に乗って帰るという。煙は、嗅覚でしか感ずることのできない「匂い・香り」の視覚化したものとすれば、煙もまた「匂い」なのである。ご先祖様は子孫の焚くオガラの匂いを案内として訪れるのである。同様に、神々も「匂い・香り」に導かれて祭りの場に降臨するのである。山田のカカシや節分のカガシが邪悪なものを追い払うことができるのは、そこにカミが降臨しているからに違いない。

「匂い・香り」もカミを招く依代の一種だったのである。

（『香道入門』淡交社　平成五年二月）

昔話の中の竹

私たちは、遠い昔から日本人が「竹」に託してきた種々の想いを、昔話を通じて思い起こしてみたいと考えている。本稿は、私たちのそうした試みの一部である。

各地に伝承されてきた昔話は膨大なものがあるが、「竹」を主題にする話は、管見の限りでは見当たらない。

しかし、何らかの形で「竹」あるいは「竹に関わる人や物」が出てくる話は多い。試みに『日本昔話大観』（同朋社　全二九巻）の索引で植物の部に取られている「竹」を数えてみると一〇二一件であった。これに「笹」を加えると一一二五件となる。この数は米・木・松について多く、梅や桜、栗・栗などの件数をはるかに引き離している。

さて、竹に関わる話の中で、誰もがすぐに思い浮かべることのできるのは、「かぐや姫」の話・『竹取物語』であろう。『竹取物語』は平安時代初期に作られた物語で、日本最古とも「物語の出で来はじめの祖」ともいわれている。

この物語は「今は昔、竹取の翁といふものありけり。野山にまじりて竹を取りつつ、よろづのことに使ひけり」というところから始まる。周知のように、竹取の翁によって竹の中から発見された「かぐや姫」が、美しく成人し、名乗り出た五人の求婚者に対して、難題を出してそれを退け、最後には帝《みかど》の求婚をも拒否して、十五夜の夜に天へ帰っていくという物語である。

昔話にも同種の話が「竹姫」系の話として伝えられている。たとえば、福島県郡山市湖南町の話は以下のようになっている。

「爺と婆が子授けを観音に祈願する。すると、背戸の竹藪の光る竹を伐れとお告げがある。そこで竹藪の光る竹を伐ると女の子がいる。

姫が成人すると、庄屋の息子が嫁に欲しいと申し込んでくる。殿様からも申し込まれる。しかし、姫は断わる。

姫は十五夜の晩に天に帰らなければならないという。爺と婆は、殿様に守ってくれるよう頼む。殿様は、十五夜の晩、爺と婆の家を二重三重に守ったが、天から馬車が下りてきて姫を天に連れていった。」

かぐや姫の話は、たいへん有名で、今では誰もが知っているのだが、昔話としての伝承例は意外に少なく、また、異伝も少ない。

福島県石川郡平田村で採集された
「籠作りの爺が光る竹を伐ると、金の玉が出てくる。家に持ち帰ると女の子になる」

という話や、鹿児島県薩摩郡下甑《しもこしき》村の
「貧乏な爺が竹山で竹の中から女の子を得る。娘は十才の時に天へ行くといって赤い色のメシゲ（杓文字）と杓子を置いて飛び去る。その後、釜に水を注いでメシゲを入れるだけで飯が炊け、鍋に杓子を入れると汁ができた」

という話などが特殊例としてみられる位である。

異伝が少ないというのは、よりどころとなる明確な文章が存在したことを示しているように思われる。竹姫系の昔話は、『竹取物語』や『今昔物語』巻三一「竹取の翁、見つけし女の児を養へる語」などが民間に伝わり、昔話となったのではないだろうか。

『万葉集』の巻一六に「昔老翁あり。号《よびな》を竹取の翁といふ」とあるのは有名だが、この翁に関して、竹を取ったり、竹の中から女の子を発見したりといった話はみられない。

万葉の竹取の翁は、丘に登って羹《あつもの》を煮る九人の女子に出会い、赤子の頃からの自分のことを語って「春さりて野辺を巡れば、おもしろみ我を思へか、さ野つ鳥来鳴き翔《かけ》らふ、秋さりて山辺を行けば、なつかしと我を思へか、天雲《あまぐも》も行きたなびく」と自慢する。すると、女達は「我も寄りなむ」と翁になびいて行くのである。（巻一六―三七九一）

『竹取物語』は先行する説話を下敷きにして作られたものだと考えられているが、『万葉集』の竹取の翁から直接『竹取物語』に展開するのは困難であろう。背景となった説話は、既にその関連が指摘されている、中国の「斑竹姑娘」などではないかと考えられる。四川省で採集された「斑竹姑娘」のあら筋は次のようなものである。

「竹を用いて、家を造り、橋を架ける村があった。貧しい母子も竹の林を大切にしていた。ところが、支配者によって、竹は買い占められ、売り払われてしまった。不思議なことに、母子が涙を流すと、竹に斑が入った。息子は一本の美しい竹を淵へ投げ入れた。すると、その竹から女の赤ん坊が出てきた。その子はみるみる大きくなった。その後、支配者の子供など五人が求婚してきたが、娘は難題を出してそれを拒否し、息子と結婚した。」

「斑竹姑娘」では、娘を発見するのが若者であり、娘は若者と結ばれて「メデタシ、メデタシ」となる話なのだが、『竹取物語』では竹取の翁によって発見された娘が、翁夫婦に富を与えて天に帰って行くのである。発見者と結末は違っているが、大筋はよく似ている。少なくとも、竹の中から女の子を発見し、その子が成人した時点で五人の求婚者が現れ、それらに対して難題を提示するといった部分は共通である。

『竹取物語』では、娘を発見するのは若者でなく、老人、それも何処にでもいるお爺さんではなく、竹取の翁である。そもそも、『竹取物語』の本来の書名は『竹取の翁の物語』だといわれている。日本では、そうでなければならない理由があったに違いない。そして、先の『万葉

『梅若松若竹取物語』より

集』の場合に、登場する老人を竹取の翁と呼ぶ理由が全く示されなかったのは、そういう呼称だけで翁の性格が十分に示されていたからであろう。

竹や笹は、門松・七夕の笹竹などのように、ヨリシロとしての性格を持った植物の代表である。それ故に、竹から誕生した「かぐや姫」が最後には天へ帰って行くのも当然であろうし、また、翁の家が豊かになるという致富譚《ちふたん》的展開をしたり、竹から生まれた娘の残していったメシゲが奇蹟を現したりするのも当然だと考えることができる。

神聖な「かぐや姫」を主人公として展開する物語であるにもかかわらず、なぜ『竹取物語』『竹取の翁の物語』と題されたのであろうか。

竹取の翁は、「かぐや姫」を発見した時「子になり給ふべき人なんめり」という。「子」は「籠《こ・かご》」を掛けた表現であろう。また、「いと幼ければ、籠に入れて養ふ」とも書かれている。これらのことは竹取の翁が籠を造る人であることを暗示している。

『今昔物語』では「竹を取りて籠を造りて、要する人に与へて其の功を取りて世を渡りける」とあり、竹取の翁が籠造りを職業としている翁であることを明示している。

「竹伐爺」と呼ばれる一群の昔話がある。京都府北桑田郡美山町に伝えられる話は以下のようなものである。

「爺が殿様の竹藪で竹を伐る。誰かと尋ねられた爺は「日本一の屁こき大明神」と答える。そして「シジュウカラ、ヤマガラ、ヒガラ、チンカラコッコ、ブー」という屁をひり、更に「ヒエショイショイ、アワショイショイ、スッテンブースー」とひる。爺は褒美をもらって帰る。それを知った隣の爺も同じ事をするのだが、糞が出てしまう。殿様は怒って尻を切る。家に帰った爺は、婆にいわれて、キビガラの上に座る。キビガラが血の色をしているのはこのためである。」

この話は屁をひることによる致富譚だが、単なる屁ではない。「シジュウカラ、ヤマガラ、ヒガラ、チンカラコッコ、ブー」とか「ヒエショイショイ、アワショイショイ、スッテンブースー」といった屁を自由に出せるからこそ「日本一の屁こき大明神」と名のり得るのであり、富を獲得することもできるのである。

この類話は全国的にみられるが、冒頭が竹山で竹を伐る爺となっているのは、熊本・香川・岡山・鳥取・京都・兵庫・滋賀県などに伝えられた話である。なぜ竹を伐る爺とまず設定しなければならなかったのであろうか。同系の話は、広島・島根・山形・秋田・岩手・青森県などにも伝えられているが、そこでは、山へ木を伐りに行く爺となっている。なお、岩手県では、山の神にとがめられて屁をひり、山の木を伐ることを許されるといった結末を持つ話が多い。以上を参照すると「竹伐爺」系昔話の冒頭は、竹林や山へ入ることができる爺として主人公を位置づけるための設定だったのではないかと考えられる。

ところで、これらの話で語られる屁には、先のヒエ（稗）、アワ（粟）だけでなく、島根県大田市の「ニシキザラザラ、コガネザラザラ、スッポウポンノポン」のように錦・綾・黄金・米・小豆などが現れる。

これらは、致富譚に相応しい祝言的要素ということができる。一方、鳥の名などが現れる屁も多いのである。

鳥と屁の関係というと、致富譚の「鳥呑爺」系昔話が想起される。新潟県長岡市の話は以下のようなものである。

「爺が山へ草採りに行く。爺の舌に鳥がとまったので、爺は呑んでしまう。腹がむずむずするので押すと、屁が出て「アワチョウチョウ、コメチョウチョウ、ゴヨウノサカヅキモッテマイロウカ、モタンデマイロウカ、ビビラビン」と鳴った。翌日、木の上にいた爺は、殿様に尋ねられて「日本一の屁っこき爺」と答え、屁をひる。殿様は褒美を与える。それを知った隣の婆は、爺に同じ事をさせるのだが、本当の屁が出てしまう。くさくて、殿様は怒る。婆は家で褒美を待っていたが、爺は血だらけで帰ってきた。」

この話には様々の型が伝えられている。例に示したのは隣の爺型といわれているものだが、屁の音だけを問題にする屁音型、屁によって金持ちになったという成功型などがある。

この爺が仕事に出かける場所は、山とはかぎらない。畑へ行く場合も多いのである。また、臍から羽が出ていて、それを引くと腹が鳴るといった話も多い。「シジュウカラカラ、スッペラポン」といった鳥に関係した屁が出る点も「竹伐爺」と同じである。

竹の呪力を示す話がある。

佐賀県神崎郡東背振村《ひがしせふりそん》に伝えられる継子譚は次のようなものである。

「竹子の父は商人、母は継母だった。父は、土産を約束し、都へ行く。継母は、留守中に竹子を殺し、裏の竹藪に埋める。ある日、竹子を埋めたところに生えた竹を尺八用に虚無僧に売る。尺八は「京の硯は何になる、京の鏡は何になる」と鳴る。父はそれを聞いて帰宅し、墓を掘る。すると、竹子は、木の株になっていた実母に守られて生きていた。」

この話は、竹子・竹・尺八と展開する「竹」の奇瑞譚《きずいたん》であり、竹の不思議な力を示しているといえるだろう。

沖縄県国頭郡《くにがみ》国頭村に伝えられる「鼠の浄土」は以下のようなものである。

「爺は、助けた鼠から竹を貰う。そして、鼠にいわれた通りに家の竈の傍に植える。すると、たちまち恩納岳の高さになり、天まで届き、天から銭が落ちてきて金持ちになる。もう一人の爺がやると、その竹も天まで届くが、水が出て溺《おぼ》れた。」

福島県南会津郡館岩村の「狐女房」は信太狐の話である。

「阿部保名《やすな》に助けられた信太の森の狐が、妻に化けて現れ童子丸を生むが、本妻が帰ることを聞いて姿を隠す。童子丸が泣くので、保名は信太の森に尋ねて行く。狐は童子丸に七節半の竹杖を与える。その竹杖を耳に当てると烏などの話している声を聞き分けられた。童手丸はその御陰で出世をした。」

鹿児島県下甑村の「一寸法師」は次のようなものである。

「一寸三分の男の子がいた。二十才の時に母に暇を貰って旅にでる。奥山に入り、鬼が相撲をとっているところに出会い、囃したてたことから鬼に見つかるが、鬼の鼻の穴から中に入り、鼻腔を引っかく。鬼は逃げ出す拍子に玄関の踏み段でひっくり返って死ぬ。逃げ遅れた鬼が命乞をして、三節の竹をくれる。一寸法師はその節を叩いて金蔵・米蔵・衣装蔵をだして一生涯を安楽に暮らした。」

ここに示したように、竹の呪力を示す昔話は多いが、その竹の呪力を享受できるのはそれなりの資格を持った者なのである。

ところで、「屁の悲劇」と呼ばれる話がある。栃木県芳賀郡茂木町に伝えられているのは、次のような話である。

「屁っぴり娘が嫁に行く。娘は我慢できずに、婚家で屁をしてしまい、顔向けできないと死んでしまう。婿は「いい嫁を殺した」と池に飛び込んで死ぬ。両親も子供に死なれて生きては行けないと死ぬ。村の人々もみな池に飛び込んで死んだ。村は全滅した。」

「竹伐爺」や「鳥呑爺」などが屁によって富を得るといった致富譚となっているのは、竹や山にかかわることのできる爺が主人公だからではないだろうか。「屁の悲劇」のような里での屁は、村落全滅の悲劇をも招きかねないものなのである。

先に示した『万葉集』の竹取の翁の場合、翁が娘達と出合うのは丘なのだが、丘は山と同じ神聖な場所であり、そこに入れる女性達は神に仕える者と考えることができる。そして、その丘を自由に歩ける竹取の翁は、神に通じる山の民であった可能性が高い。万葉人が「竹取の翁」と設定した時、その背後に、当然のこととして、山の神の姿が存在していたに違いない。それ故に、鳥もついてきたと語ったのではないだろうか。

そもそも、竹林は、竹山ともいい、里と山の境にある山の先端部分といった把握がなされていたのではないだろうか。そして、鳥も、本来は山に住んでいて、季節の変化を知らせに里に飛来してくるものであった。「鳥呑爺」系の爺は、畑に出ていようとも、鳥を呑込むことができる山系の呪力を持っていたと考えることができる。

『竹取物語』系の話は、鎌倉時代の『海道記』にも伝えられているが、この場合は、竹林で鶯の卵が女子の姿に孵《かえ》っていたというところから始まる。『古今集為家抄』では、竹の中に金色の鶯の卵を発見した竹取の翁がそれを家に持ち帰ると、七日の後美しい女子になったとある。

これらも、鶯が山から里へやってくる鳥であったからこその設定であった。『万葉集』に

御園生の竹の林に鶯はしば鳴きにしを雪は降りつつ（巻九—四二八六）

とあるように、鶯は竹の林と結びついた鳥であった。竹林は山や鳥と関係が深く、また、その竹を取り得る翁は特別の力を持っていたからこそ『竹取物語』は成立したのだし、『海道記』的に展開すること

もできたのであろう。

『竹取物語』で、竹取の翁が、かぐや姫を発見できたり、帝が派遣した兵が力を失っているにもかかわらず話ができたりするのは、翁自体が一般の人間とは異なる能力の持ち主であることを示している。その特別な力を示す言葉が「竹取の翁」だったのである。

籠や笊《ざる》や箕《み》などを造る職人は山の民であり、稀に山の向こうから里へやってくるマレビトであった。これらの人びとに異界性を感じ、神に通じる超能力的性格を持つとしたのも無理からぬことであった。「竹取の翁」はこのような人びとをこそ現す名であった。

（『くらしの造形 三―たけ』武蔵野美術大学美術資料図書館　平成四年七月）

ハナ

——神を象徴するもの

四季おりおりに花が咲く。いずれも、それぞれに美しい。冬、雪に埋もれた山奥にも、ひっそりと椿が紅く咲いている。二月になれば、里では、梅が咲き始める。足元には、水仙が花ひらく。一年を彩るこのような花々の移り変わりは、私達の心を慰めてくれる。

現在、都会の狭い庭やアパートの窓などでも多くの花を見ることが出来る。しかし、そこに見られる花々には外来種が多い。花屋の店先を見ても、菊や百合のようなものを除くと、ほとんどが外来種である。病気見舞いの花々も、多くは外来種を用いている。各地で名勝となっている日本風庭園などを見ると、意外に花木が少ないということもある。鑑賞用には、主として、外来の花が用いられて来たのである。梅も外来の花で、『万葉集』の時代には鑑賞用であった。古くからの花木である桜や藤などは、一般の家々の庭に植えられるものではなかった。それらは寺社の境内か山にあるものだったのである。

私達が、花に特別な関心を寄せ、それを見ることが、季節の到来を確認することになる。そのような意味を持つ花々がある。梅・水仙・桃・桜・藤・牡丹・菖蒲・菊などである。花ではないが、紅葉なども同じ役割を持っているといえよう。これらは、連れだって見に行く場合が多い。その代表は桜で、ただ花見というだけで、桜の花の下での酒宴を意味するほどである。そして、桜については、桜前線がニュースとして毎日報道されている。単に花を愛で楽しむというのではなく、その背後に、自然の無事なる展開を確認し、喜ぶといった思いがあってのことと考えられる。

農家などで庭先に作っていたのは、仏花用の花が多かった。花は身の回りに多くあったが、それらは、単に日常の生活の中にあって楽しむものではなく、然るべき役割を持って存在していたのである。

花を折り採り、持ち帰って生ける。それを愛でる。このような行為を一つの様式にまで高めたのが華道であるといえそうである。華道の発生には、仏教における供花が深く関わっていたともいわれ、また、卯月のタテハナが発展して立花・生花となり、現在の「いけばな」が成立したという説もある。その正否はともかく、宗教的世界に基盤を持つとすれば、それの様式化は当然ともいえよう。

私達の祖先が、美しい花を見ると、それを折り採って楽しんでいたと考えてよいかどうかは問題の残るところで、様式化が進んで行くには、それなりの背景があったと見るべきであろう。花を折り採り、持ち帰って生けるという行為には理由があった。華道では、常に自然を先取りしようとする。季節に先んじた草花を大切にするのである。そこに、単に花を愛でるという気持以上のものを読みとることもできるだろう。その飾られる場所も、基本的には床の間である。まさに、ハレの場である。そして、一見、花を生けることを目的としているかのような華道でも、いわゆる咲く花ばかりが対象となっているわけではない。葉蘭や松などは生花の重要な素材となっている。

現在、神棚の榊を「ハナ」といい、仏前の樒《しきみ》をも「ハナ」といっている。私達の祖先にとっては、「ハナ」は、必ずしも咲く花とは限らなかったのではないだろうか。

正月に門松を立てる。京都の不審庵の門松は、松を奉書でくるんで門柱に付けた簡素なものであるが、東京の商家で作るような豪華なものもある。松を立てるのが一般的だが、その形式は地方によって様々であり、必ずしも一定していない。元日を中心にした正月を大正月といい、十五日を中心に行なわれるものを小正月という。旧暦の十五日は満月だったので、古くは望の正月として重要なものだった。

二

正月の飾りつけとして用いられる木々は、門口や玄関先に立てられることが多い。それ故に、門松という言葉が一般的になったといえるのだが、庭先や屋内にも飾るのである。屋内の場合は、土間・大黒柱・床の間・神棚・歳棚・竈などに飾る。二本で一対にするとは限らない。一本だけの所も多い。竈に飾るものを、荒神松という。江戸時代には、荒神松は毎月新しくするもので、一年中竈の所に飾られていた。これは、葉先を蕨の粉の糊などで白くしたものであった。

門松という言葉にひかれて、松がなければならないと思いがちだが、松に限るというわけではない。東京都府中市の大國魂神社の氏子は竹を立て、岡山県新庄市では、シバ（クロシバ）などを立てる所が多い。鹿児島県では、椎を立てる所もある。秋田県由利郡笹子《じねご》村では、小正月の門松は、朴の木が主で、これにミズキとナラの木を二、三本ずつ添えて立てた。笹子では、正月の六日のハツヤマの日にカドムカエをし、十五日の朝にカドマツタテを行なった。現在、一般的に見られる門松でも、松だけでなく、竹は必ずといってよいほど用意されている。

このような木々の呼称も、様々である。東北地方では、オガミマツといっている所が多い。盛岡では、オガミマツを家の柱に打ち付けたり、お供えの中央に立てたりして、正月の七日まで置く。青森県八戸では、オガミマツ・オガエノマツなどといって、家の上がりはなの柱にくくり付けて、歳取りの晩に拝んだ。岩手の気仙郡三陸村では、カツ・ソロ・コブ・ナラ・クリなどを庭先に立てる。それをタテギといっている。（カツ＝ヌルデ、ソロ＝アカシデ・イヌシデ、コブノキ＝ニワトコ）

門に立てる場合でも、愛知県北設楽郡地方ではカドバヤシといい、榊の木が使われていた。山形県庄内地方では、大正月には門松といっているが、月遅れの二月正月に立てるものはカドバヤシといい、ナラ・ツバキ・タラの木などを使っている。これらも十二月のマツムカエの日に大正月用の松と一緒に山から伐って来るのである。立てる場所は、屋敷内の明きの方であった。明きの方は、恵方ともいい、歳神様のやって来る方角とされているもので、一定の定めに従って、毎年異なっている。愛知県日間賀島では、門松を立てることをカド

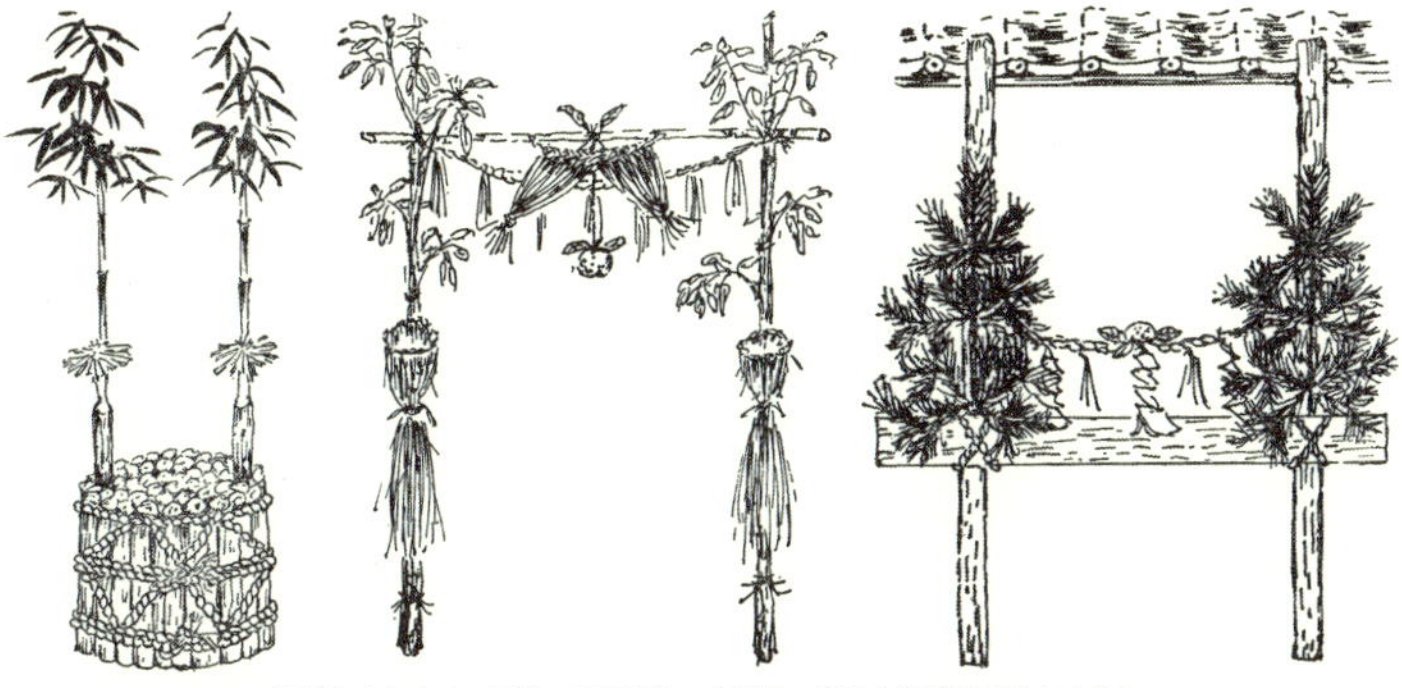

門松（左から山梨、鹿児島、長野。『年中行事図説』より）

ヲハヤスという。三重県志摩郡安乗《あのり》では、頭屋が旧暦の十二月二十日に松を伐って来て家の周りに立て、注連縄を張り渡すことをマツハヤシといっている。

門松などを伐りに行くのは山である。山の草木でなければならなかった。そして、正月用の草木だけは、その年の明きの方の山に行き、誰の山の草木でも採ってよいとされている所が多かった。

和歌山市や大阪府南河内郡滝畑では、正月の松を伐ることをハヤスといった。高知県・群馬県勢多郡・埼玉県秩父地方・淡路島などでは、正月の餅を切ることをハヤスという。ハヤスという言葉は、切るの忌み言葉とされている。しかし、長野県更級《さらしな》郡・福井県の常神岬などでは、正月の松を迎えることをマツバヤシといい、徳島県では、神仏に供えた餅を切って食べることをハヤスといっている。常神岬では、十二月の十四日がマツハヤシの日で、山に入って松を伐って来て、その夜、神棚に白い飯を供え、カミを祀る。そして、二十九日か三十日に、神棚や門口・床の間・船などに立てる。

室町時代に、正月、幕府に様々の人びとが着飾って参じ、風流の芸能を行なうということがあった。七日、あるいは十四日・十五日などが多かった。それをマツバヤシといった。江戸時代になると、とくに能楽の謡初めのことをマツバヤシというようになったが、もともとは、カミを迎え、その前で行なわれる神事芸能を指す言葉であったと考えられる。

このような事例から考えると、ハヤスを単純に切るの忌み言葉とばかりはいえない。ハヤスは、むしろ、カミを迎え、神事を行なうことを意味していたようである。

正月の松を伐って来ることを、マツムカエとかカドマツムカエという所が多い。東北地方や新潟県では、オマツサマムカエと丁寧にいう。茨城県久慈郡では、ショウガツサマムカエという。長野県諏訪地方や長崎県対馬では、門松や飾り松のことをショウガツサンという。新潟県の粟島では、オマツサマムカエの時には、必ず、新しい藁のテゴに御神酒を入れ、新しい負い縄をもって迎えに行った。単に松の木を伐って来るというのではなく、山から何ものかを迎えて来るのである。

山は、古くは、カミの世界であった。山に入って草木を採って来るということは、まさに、カミを迎えるということであった。

岡山県笠岡沖の神島では、正月の松を採って来ることをハナキリという。十二月二十七日に山に採りに行った。採って来るハナは、松やウラジロであった。岡山県川上郡でもハナキリといった。採るのは、松・榊・榕のほかユズリハ・アセビ・クリなどであった。愛知県の東北部ではハナムカエといった。

門松も、その他の草木も、すべてハナであった。

ハナは、咲く花だけを意味するものではなかった。正月飾りに使う松・竹・榊・榕・ウラジロ・ユズリハ・シイ・シバ・クリなど、山から迎えて来るもののすべてがハナであった。

小正月は農家を中心に行なわれていて、古い風習が残っているといわれている。その日は、マユダマ・モチバナ・ハナカザリ・ハナコモチなどと呼ばれるツクリモノが飾られるが、柳・榎・楓・樫・山桑等の木に餅を飾り付けたものである。全国各地でみられるものである。それらもハナであった。これらは、餅で花の代わりを作っているのではなく、まさに豊かな稔りを祈願してのものである。

また、小正月のツクリモノには、ケズリカケ・ケズリバナと呼ばれるものも各地で作られる。これは、皮をむくと白い肌を現す柳などの木を薄く何重にも削りつつ、削り掛けたものである。これもハナである。ケズリカケは、アイヌのイナウや御幣などと同じで、白い色の柔らかく垂れているものを付けた、神の宿り給う木の一種に違いない。

野生の葛や蕨の粉をハナという所も多い。盆の精霊団子をハナという地方もある。又、神事用の洗米をハナヨネ・ハナイネ・ハナイレ・ハナゴメなどという地方もある。これらも、白いところからくる名であろう。

ダンゴバラ（山梨県上野原市）

大正月を松ノ内というが、東北地方では、小正月から月末までをハナノウチといっていた。菅江真澄は、削花・稗穂・粟穂・麻柄などを飾っているのでハナノウチというのだと書いている（『かすむこまがた』）。

埼玉県北埼玉郡や伊豆の神津島では、小正月のことをハナショウガツという。また、ケズリカケのことをハナ・ハナギ・ケズリバナなどという地方は多い。神津島では、ケズリカケのことをオハナという。

それは、松と柳の木を削って小さな花を作り、竹を二つに割った先端に挿したものである。そして、一対のオハナとお供え餅を神棚や神社に供えるのである。秩父地方ではケズリバナといい、それを作ることをハナカキといった。関東ではハナノキ・オハナギという所が多い。

徳島県那賀郡橘町では、小正月の飾り木のことをハナヅエとかオシタテギとかいう。ハゼ・コーカギ・松などで作るもので、粥を焚き、その中にこの枝を入れて置き、十五日に畑に挿す。〔ハゼ＝ヤマウルシ、コーカギ＝ネムノキ〕

古く、初卯の日に、天皇に杖を献上する儀式があった。それを、卯杖とか御杖とかいった。杖は、ソバノキ（カナメモチ）・ヒイラギ・ナツメ・桃・椿・木瓜《ぼけ》・梅などで作り、頭を紙で包んであった。これで邪気を払うといわれていた。ケズリカケと同種の木柱であった。同じような儀式に御薪《みかまぎ》があった。御薪は、十五日に、百官が薪を天皇に献ずる儀式であった。この薪は、宮中の一年間の燃料とされたが、もともとは、望の正月のための諸種の木柱を用意するものであったと考えられる。この御薪で、まず望の粥が炊かれ、天皇に供された。この時の薪を粥杖といい、それで女の尻を叩くと子供ができるといわれていた。この木は、

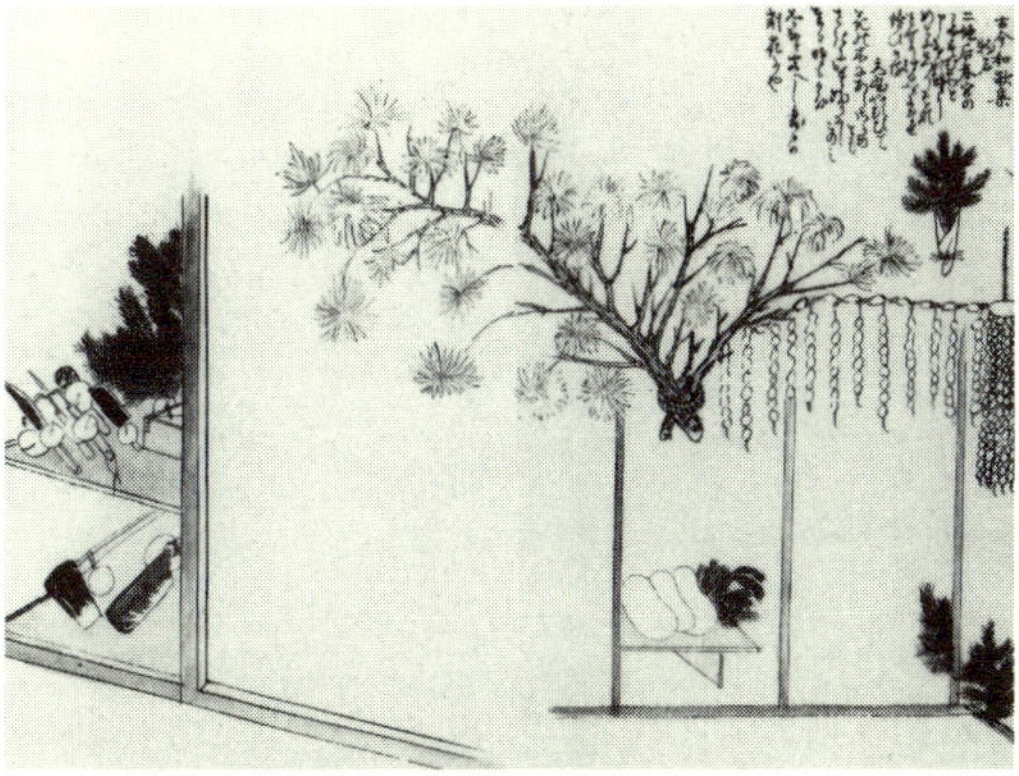

ケズリバナ（『真澄遊覧記』より）

生産に関する呪力を持っていたのである。民間でも、同じような木をハラミボウ・イワイボウなどと呼んでいる。

このような呪力を持った木は様々あった。正月に飾られるものとしては、門松だけでなく、トシギ・ニュウギ・ワカキなどと呼ばれる木があった。これらは、門松の根元に立てたり、新年の火種を作る木としたり、小正月の粥を煮たり、モチバナ用の木とするなど様々に用いられている。それに、十二ヶ月と書いたりもする。一年十二ヶ月を司るカミをそこに見ているのである。

正月に調えられる木々には、カミが宿ると考えられてきた。依代である。具体的に目で見ることのできないカミを、私達の祖先は、このような形で把握してきたのである。

ニュウギ（静岡県浜松市）

三

依代の代表は、木柱である。伊勢神宮の御神体は、心御柱と呼ばれる一本の木である。出雲大社も巨大な柱が御神体である。諏訪大社の御柱《おんばしら》も同じものとみることができる。先の荒神松も、一年中竈にはカミがいるという考えを背景にしていたと考えられる。

『備後国風土記』の逸文に次のような話が載っている。蘇民将来という兄弟がいた。兄の蘇民将来は貧しく、弟の将来は富んでいた。この兄弟に、南海のカミの娘の所にやってきた武塔のカミが宿を頼んだ。弟は借さなかったが、兄は宿を借し、粟飯で接待をした。その後、カミは、再び来訪して「汝の子孫を守ろう、茅の輪を腰に付けさせよ」といった。そして、カミは他の人びとを疫病で殺したという。カミは、また、後の世においても疫病が流行したら蘇民将来の子孫であることを示す茅の輪を付けよ、といったという。

この神話は、本来、茅の輪神事の縁起譚なのだが、民間では、いつの頃からか、疫病よけや災難よけの護符として、紙に「蘇民将来子孫」と書いたり、蘇民将来と呼ばれる木柱を作ったりするようになる。現在、長野県上田の信濃国分寺の八日堂や京都祇園の八坂神社の摂社疫《えやみ》神社などでは木製の蘇民将来を出している。その背景には、木柱にカミが宿るという信仰があった。蘇民将来は、その名前からも推測できるように、本来は外来の信仰であったらしいが、同じく外来系の祇園の牛頭天王信仰と合体し、全国に広まったようである。祇園信仰が疫病よけとして広まったことと関係があるに違いない。

正月七日、壱岐では、タラノキを削ったものに「蘇民将来子孫繁昌」と書く。佐賀県東松浦郡馬渡島《まだらしま》でも同じような護符を細長い紙で作り、男は左の肩、女は右の肩に付けるという。また、家の門口に貼ったりもするという。いずれも、疫病よけである。伊勢地方では、正月の門飾りに大きな将棋の駒のような板を付け、そこに蘇民とか、蘇民将来子孫などと書く場合がある。旧一月七日の岩手県黒石寺の蘇民祭は、裸祭りとして有名である。近郷からやってきた青年たちは、山内の薬師堂に参集し、裸になって、寺で出す蘇民将来の入った袋を奪い合う。これを獲得した地域では、稔りが豊かになるといって喜んだ。年占の一種ということが出来る。また、それを持ち帰って魔よけにしたりもした。岩手県では、同じような蘇民祭が、花巻温泉の羽山神社や江刺市伊手の熊野神社など各地で行なわれている。長野県の下高井郡で小正月に門口に立てる蘇民将来は、木の上部を削って顔を描いている。東北のオシラサマなどにも通じるもので、ケヅリカケに通じるカミそのものと考えてよいであろう。カミの宿る木柱に守ってもらおうというのである。

四

梅花祭は、二月二十五日に行なわれる京都の北野天満宮の祭礼である。この日は、菅公の忌日である。神前に供える神饌に菜の花を挿して献ずるので、菜種御供といった。菜の花がない時には、梅の花を添えた。近年は、梅ばかりが用いられ、梅花祭と呼ばれるようになっている。神饌は、参拝者に授与される。これを戴くと病気にならないといっている。

梅は、先にも述べたように、外来の木で、『万葉集』の時代には、貴族の庭先などに植えられていた鑑賞用の花木であった。道真を追って筑紫まで飛んでいったという飛梅伝説を基にして、梅が天神信仰と結びついたものである。

三月三日は桃の節供、雛祭である。女児を中心にした祭としては、大切なものである。初節句には、親族から祝いの雛が届けられたりして、子供の無事が祝われる。端午の節句や七五三など子供の成長を祝う儀式が多いのは、それだけ子供の生育が困難であったからである。古くからこの節句には草餅が用意されていた。若草の萌え出づる季節にふさわしい、生き生きとした生命力をそこに見ていたからであろう。

貝原益軒の『日本歳時記』に雛飾りの図があり、立雛と座雛が、一組づつ、一畳台に並べて飾られている。菱餅らしきものが三宝に載せられ、御神酒や重箱、魚などが供えられている。同書には、三月二日に艾餅《よもぎもち》を製し、三日にそれを食べ、桃花酒を飲み、また、艾餅を親戚に贈るともある。

桃は、古くから呪力を持つものとして知られていた。『古事記』のイザナギノミコトが黄泉の国から逃れる時、追いかけて来る雷神達を、ヨモツヒラサカの所で、桃の実を投げることによって追い払っている。この時、イザナギは、「私を助けたように、すべての生ある人びとの苦しみや悲しみを助けよ」といったという。また、オニヤライ・ナヤライなどといわれろ宮中儀式の追儺でも桃は重要な意味を持っていた。追儺は、悪鬼を追い払うもので、大晦日の夜に行なわれた。この時、参加者に桃の弓と芦の矢が配られた。そして、黄

雛飾り（『日本歳時記』より）

金の四つ目の仮面を付けた方相氏《ほうそうし》が、目に見えない鬼を追うのに続いて、群臣も桃の弓で矢を放って鬼を追ったのである。昔話の桃太郎でも、人間を超える強い力を持った少年が桃から誕生している。そして、鬼を退治しているのである。

三月三日は、必ずしも巳《み》の日とは限らないが、上巳《じょうし》の節句ともいう。古くは、月初めの巳の日に祓いをしていたのである。『源氏物語』須磨の巻に、光源氏が、海辺に陰陽師を召して、祓いをし、船に人形を載せて流したとある。人形にケガレを移し、それを他界に流し去ったのである。この面影は、鳥取の流し雛などに見ることが出来る。

三月三日は、一般的には桃の節供だが、ヤマアソビ・イソアソビなどと呼ばれる行事が行なわれる所も多い。三月三日に行なわれるヤマアソビ系の例としては、子供が山へ行き、幡を立て、食事などをして遊んだ岡山県阿哲郡のヤマアソビがある。長崎市周辺では、三月三日に、重詰を作り、野山へ出て遊んだ。これをサンガツコウといっている。イソアソビ系も各地にみられる。九州各地のイソアソビ・ウミユキ、福島県から千葉県へかけての海岸線で行なわれるハマオリ、宮城県牡鹿郡のイソマツリ、岩手県のカマコヤキ、長野県のサンガツバなどいずれも水辺での共同飲食を中心にした行事である。

四月は、春たけなわ、花咲き鳥歌い、森羅万象の動きが最も活発になる月である。

四月に入ると、雪におおわれた北国の高山も雪解けが進み、山の地肌が広がってくる。山麓の人びとは、消え残る雪と、黒い山肌の描き出す模様によって農事の時期を判断した。そして、時と共に移りゆく模様に天候を読み、農作物の出来を占った。白馬岳《しろうまだけ》・駒ヶ岳・農鳥岳《のうとりだけ》などの山名は、山麓から見える雪形にちなんで付けられたものが多い。雪形だけでなく、サクラ・コブシ・モクレンなどの花も、季節を告げ、また、作物のできを占うものであった。

日は決まっていないが、桜が満開の時を見はからって花見の宴が催される。仲間が連れだって御馳走を作り、花のもとに座を占め、毛氈を敷いて酒を酌み交わし、無礼講の宴を繰り広げ、一日を楽しんで帰る。

咲き誇る桜の花にカミの意志を見、カミの宿り給う花のもとで、神人共食の宴をすることによって、共同体の結束をより強く堅め、一年の祝福を得たのである。

しかし、花見という言葉が、常に桜花を意識して用いられているとばかりはいえない。ハナミショウガツ（千葉県海上郡）・ハナミノエン（福島県石川郡）・ハナミヨウカ（岩手県下閉伊郡）などは四月に行なわれる花見行事であるが、旧暦であるから、桜花を見るには遅いのである。

京都府与謝郡伊根町本庄浜の花ノ踊にみられる「毬《まり》ノオドリ」に、

春はさくらの其の枝に、
夏は柳の其の枝に、
秋は紅葉の其の枝に、
冬は小松の其の枝に。

といった詞章がある。これなども、桜・柳・紅葉・小松等が同じ内容・役割を持っていると考えていたからこそ可能となった表現であろう。

能楽の『吉野天人』に、

真は我は天人なるが、

花に引かれて来りたり。

とあるように、桜の花は、それに引かれて、天人がやって来るようなものとして、受けとめられていたのである。桜花も、その白さ故に、強くカミの宿るものとして意識されたのかもしれない。

奈良県宇智郡では、三月三日をハナミといった。老若男女が、酒や肴を持って見晴らしのよい岡の上に登り、終日遊び暮らしたということである。千葉県君津郡では、三月三日をコドモノハナミといい、子供達が畑の隅などで餅を煮て食べたという。青森県北津軽郡小泊村では、三月二五日にハナミをした。竹竿に結び付けた紙の幡を持って、山中の沼の辺へ行き、沼に沈める。そして、酒を飲み、重詰のご馳走を食べて終日遊んだ。この沼には竜神が往むといわれていた。岩手県下閉伊郡では、四月八日に、この日は悪日だからといって仕事を休み、山へハナミに行った。これがハナミヨウカである。

花見と並んで、重要な四月の行事は、卯月八日を中心に行なわれる花祭りである。仏教では、釈迦の降誕日として灌仏会を行なう。いろいろの花で飾った花御堂に誕生仏を安置し、参詣者はそれに甘茶を灌ぐ。甘茶を頂いて帰り、その甘茶で墨をすり、「昔より卯月八日は吉日よ、神さけ虫を成敗ぞする」と紙に書いて戸口にさかさまに貼ると長虫が家に入らないなどという。この日に、播磨では、ウツギ・シキミ・ツツジ・シャクナゲなどを山から採ってきて束にし、長い竹竿の先に付けて庭先に立てる。これをタカハナといっている。ツツジやシャクナゲなどを山から採ってきて、庭先に立てる習俗は各地に見られるもので、テントウバナ（天道花）とかタテハナといっている地方もある。京都では、屋内の花瓶に立てることが普通であった。

このように見てくると、三月から四月へかけてのこの季節の行事は、山か水辺へ出かけて行って、花などを採って来たり、終日飲食などをして遊ぶことに重点があるように思われる。ヒナマツリも、川や海に人形を流して汚れを払うところに本意があったと考えられている。これも水辺の行事である。

四月十八日に、奈良の大神《おおみわ》神社で鎮花祭が行なわれる。この祭は、『令義解』や『令集解』に記述がみられる。それによると、春の花が飛散する時には疫病が流行するので、それを鎮めるのだとある。人びとは、サクラの花とともに、カミの霊力が周囲に飛散し、その力によって悪霊が滅ぼされると考えたのであろう。

京都の今宮神社のやすらい祭は、四月十日に行なわれるが、この祭も鎮花祭である。ここでは、行列の先頭に鉾がみられる。御幣・錦笠と続く。錦笠は、いわゆる花笠で、その頂は、サクラ・ツバキ・ヤマブキ・コデマリ・ワカマツ・ヤナギなどで飾られている。沿道の人びとは、この錦笠の下に入って厄を払ってもらう。続いて、羯鼓の少年、緋の衣装を付けた鬼達が踊りながら巡行する。このようにして、世の平安と秋の稔りが約束されたのである。

人びとは、晩春から初夏にかけて、山野にいっせいに開き、そして散る花にカミの存在と意志を認めたのである。

五月は、初夏である。五月の代表的な行事は、五月五日の端午の節句である。床の間に武者人形や破魔弓を飾り、戸外に幟を立て、菖蒲を軒に挿す。そして、柏餅や粽《ちまき》などを食べ、菖蒲湯に入る。端午の節句は、男の子の成長を祝う儀式として知られていて誰も疑いを持たないが、この日は女の日であったという説もあって、なかなかやかましいものである。軒に挿された菖蒲の尖った葉は、カミを迎えるためのもので、門松と同じような役割を持っているといえるだろう。東京の清正公では、この葉先を剣先守りといって授与している。粽の茅も、先のとがった葉を持ち、様々の祭礼に用いられている。柏の葉については、『古事記』の仁徳天皇の項に、ミツナカシワを採りに皇后のイワノヒメが紀伊國まで出かけられるという話が載っている。このカシワは、新嘗祭の酒宴の際に用いるものであって、これに酒を盛ったのである。これも神事用のものであった。

五

ハナは、カミを象徴するものであった。だから、勝手に採ってよいものではなかった。しかし、然るべき時には、採るべきものであった。花見の桜を折り採る話が多いのは、折り採らなければならないものであったからだろう。花や小枝や稲穂などをかざした人びとが祭の場にみられるのも、それらの人が、カミの霊力を身に受けた特別の存在であることを示しているといえるだろう。
現在でも花を飾る場合に、何処にでも飾るというわけではない。玄関とか、床の間とか、机の上とか、便所とかに限られている。それは、花が、単なる装飾品とは異なるものであるという意識が心の底に流れているからである。

（『季刊・民族学』四七号　千里文化財団　昭和六十二年四月）

歌垣

むかし、東国の男や女たちは、春の花の咲く時、また秋の葉の黄ばむ頃などに、連れ立って筑波山の東の峰に登って、一緒に食事をしたり、歌をうたいあったりして楽しく遊んだという。

筑波山は、

東《あづま》の国に　高山は　多《さわ》にあれども　朋神《ふたかみ》の　貴き　山の　並《な》み立ちの　見が欲し山と　神代より　人の言ひ継ぎ　国見する　筑波の山を（『万葉集』巻三―三八二）

と『万葉集』にもあるように、東国の代表的な山であった。あるいは、東国の人びとにとっては、富士山よりも重要な山であったかもしれないのである。『常陸国風土記』が古老の話として伝える御祖《みおや》の尊と筑波山についての物語は、東国の人びととの筑波山に対する気持を示しているといえるであろう。

むかし、御祖の尊が諸国の神々のところをめぐり歩いていた時のことである。富士の山に宿をたのんだのだが、新嘗祭のための物忌みを理由にことわられてしまった。そこで、尊は筑波山へ登った。筑波の神は飲食をととのえて尊を迎え入れた。喜んだ御祖の尊は、

愛《は》しきかも我が胤《すえ》　たかきかも神宮《かむつみや》　天地とひとしく　日月《ひつき》とともに　人民集《たみくさつど》ひ賀《ほ》ぎ　飲食富豊《みけみきゆたけ》く　代々に絶ゆることなく　日《ひ》に日《け》にいや栄え　千秋萬歳《ちあきよろづよ》に　遊楽《たのしみ》つきじ（読みは岩波『日本古典文学大系』本による）

とうたったという。東国の人びとにとって、豊かな稔りと遊楽とを約束した御祖の尊の筑波山でのこの言葉こそ、最も大切な、そして、その人びとの日々を支えるものであったにちがいない。筑波山が人び

との心のなかでこのような意味をもつ山としてあった以上、そこへ登って食事をし歌をうたいあうという先の行事が単なる遊びであったとは考えられない。それは、人びとが常に願ってやまない豊穣と深く結びついた行事であったのではないだろうか。

ところで、このような行事は、筑波山だけで行われていたわけではなかった。『常陸国風土記』をみると、茨城郡高浜の浜辺・香島郡の童子女《うない》の松原・久慈郡山田の川岸・久慈郡密筑《みつき》の泉などでも同じようなつどいが開かれている。常陸国のほかにも、摂津国雄伴郡の歌垣山・肥前国杵島郡の杵島山などで行われていたことが知られている。そして、これらのつどいは、ウタガキとかカガイとか呼ばれていたのであった。この呼称からみると、男女が歌をうたいあうところにこの行事の中心があったように考えられる。

『万葉集』に竹取の翁の話がある。春三月翁が山へ登って遠くをながめていると、美しい九人の娘に出会った。娘たちは、野の菜で吸物を作っていた。翁は娘たちにうたいかける。私だって美しく若い時もあったのだ、と。そして。

……春さりて　野辺を廻れば　おもしろみ　われを思へか　さ野つ鳥
来鳴き翔らふ　秋さりて　山辺を行けば　懐しと　われを思へか　天雲も
行きたなびける……（『万葉集』巻一六―三七九一）

とうたう。それをきいた娘たちは、次々と、〝我は依りなむ・我も依りなむ〟と翁に従ってゆくのである。

竹は、正月を迎えるための門松や七夕の笹竹などをみてもわかるように、特別な力をもつものと考えられていた。そして、『竹取物語』にもあるように、竹取の翁は、その竹からすばらしい富をもたらす天人・神を迎えてくる力をもっていたのである。それは、一般の人のもち得ない力であった。『竹取物語』の最後のところで、かぐや姫が天上へ帰る時、翁の家を守る天皇の家来たちが呆然と力をなくしてしまっているのに、一人竹取の翁のみは姫をひきとめようと必死になって天人たちに語りかけているのをみても、翁のもつ異常な力を知ることができるであろう。このような翁は、人間からみれば、より神に近い存在であったといえよう。先の『万葉集』にみられる話で、若い娘たちが翁に従っていったのは、このような富を呼びこむ翁の異常な力を自らのものにしてゆこうとして、それに接触していったものと考えられる。力あふれるものに触れて、その力を自分のものにしようとする行為は、地蔵信仰など種々の形をとって現在でも各処にみられる。ところで、山で出会った翁と娘たちは、歌で語りあっているのである。特別なことには特別な方法でといった考えがあったのかもしれない。歌は、ハレの日の言葉だったのではないだろうか。人びとがつどう宴、そこには、ごちそうと酒と踊りと、そして歌がある。これは、私たちも十分に知っていることである。

『常陸国風土記』などに伝えられているいろいろな場所でのウタガキをみると、私たちは、現在でも春に各地で行われている花見や磯遊び系の種々の民俗行事を思いうかべることができる。九州西海岸や山口県大島郡の磯遊び・長野県下伊那郡の川原の三月場《さんがつば》・岩手県上閉伊郡の川原のかまこ焼・大阪府泉南郡の春事《はるごと》・岩手県下閉伊郡の花見八日・徳島県剣山山麓の山いさみ・奄美大島のあじらね・山形県西置賜郡の高山遊びなどがそれである。それらは子供の行事であったり、村中で参加したりと、地方によっての違いはあるが、屋外に人びとが集って食事をしたりして終日遊ぶという点では皆同じである。又、盆の頃に行われる盆がま・伊予の盆めし・岡山県のぼにくど・静岡県磐田郡の川原めし・岐阜県加茂郡の辻めし・三重県尾鷲市の門めしなども同様の行事である。盆がまという呼称は全国的にみられる。現在では、同一地方で年に二回このような遊びを行う例はほとんどないようであるが、筑波山のウタガキは春秋の二度行われていた。盆は七月の十五日、旧暦でいえば秋の初めである。

ところで、先に山へ登った九人の娘たちは、春の若菜をつんで食べていたのであろう。若菜というと、「百人一首」の、

君がため春の野に出て若菜つむ

わが衣手に雪はふりつつ（光孝天皇『古今集・春』）

が名高い。若水・若潮・若火などと呼ばれる行事からみて、この若菜は、これからの一年の食物を象徴すると同時に、新しい一年を支配する歳神に供えるものであったと考えられる。又、新野の雪祭では、雪を豊年の予兆と考えているのである。この歌は、一年の豊かな稔りを予祝する意図をもっていたのではないだろうか。食べるということ自体、ハレの場においては、日光の強飯《ごうはん》式などのように、予祝的意味をもっているのである。

『万葉集』に、筑波山のウタガキの日をうたった歌がある。そこに、

……未通女《おとめ》壮士《おとこ》の　行き集ひ　かがふかがひに

人妻に　吾も交はらむ　あが妻に　ひとも言問へ　この山を　領《うしは》く神の

昔より　禁《いさ》めぬ行事《わざ》ぞ……（『万葉集』巻九―一七五九）

とある。ウタガキの日には、性の交わりがあったのである。神が認めているというのであるから、一種の神事であったにちがいない。愛知県小牧市の田県神社の春の祭りや奈良の明日香の飛鳥坐《あすかにます》神社の御田植祭などにみられる豊年を祈願する生殖儀礼が予祝行事であることはいうまでもない。

同じような生殖儀礼は、各地の田遊《たあそび》に多くみられる。ウタガキの日の性の交わりも、生産の象徴としての生殖儀礼であり、一年の豊穣を祈る神事であったと考えられる。竹取の翁と接触することによって異常な力を自分のものとした娘たちは、男たちと交わることによって、その力を、そして、生殖行為によってもたらされる稔りを人びとのものとしていったのであろう。

筑波山麓で秋にウタガキが行われているのは、一年の収穫を祝う祭りでもあったからであろう。そして、収穫を祝う気持は、来るべき新しい年の稔りを祈る心につながっていたにちがいない。

（『あるくみるきく』四四号　日本観光文化研究所　昭和四十五年十月）

あとがきにかえて　―男女の掛け合う田植歌

「歌垣」の校正をしながら、しきりに東ネパールのライ族の村々を訪ね歩いた時のことを思い出していました。あれは一九七九年の秋から冬にかけての事でした。夜、泊まっていると、それほど遠くない所から歌声が聞こえてくることが再々ありました。姿は見えないのですが、村の娘たちが何人か集まって、私たちのポーターに歌合戦を挑む、その歌声でありました。歌が自慢のポーターでもいっしょですと、さっそくその挑戦に応じて、歌を返していきます。見上げる空にはこんなにもあったのかと思うほどの星がきらめいています。その星明かりしかない漆黒の山の村の静寂の中で、よく通る澄んだ男女の掛け合う歌声を聞くのは、またなんとも風情のあるものでありました。筑波嶺の嬥歌《かがい》もかほどに風流であったろうかと思ったことでありました。

山の村の青年や娘さんの中にはすばらしい即興詩人がたくさんいるのでありまして、掛け合いの歌声は夜の更けるまで続くのでありました。

アイセルカルカというライ族の村で何ヶ月か過ごして、カトマンズに帰り、思い立って西ネパールのチベット境に近いフムラを訪ねることにしたのは、もう六月も末になってでしたか、雨期のはじまりの頃でありました。雨期に入ると山地の空路は閉ざされるのですが、最後の飛行機が来るまでの間、いくつかの村を訪ねました。蛇行して流れるカルナリ川の深く切れ込んだ谷の急斜面、その中腹にある僅かに緩やかな所に村は点在しておりました。田んぼも少しずつではありますがありました。フムラの中心シミコットに標高三、〇〇〇メートルの三角点がありましたから、この谷の村々の標高もそれに近いものであったと思います。これらの村の田んぼは、おそらくネパールでも最も高地に拓かれた水田ではないかと思います。その田んぼでは田植がはじまっていました。途中で出会った田植は、中国地方の大田植とか花田植などという華やかな田植を彷彿させるものでありました。それほど広くはない田んぼに二頭曳きのマンガ七、八台が入って代掻きをし、代掻きのすんだ田んぼでは二〇人ほどの早乙女が一列に並んで、田植歌をうたいながら苗を植えていました。畦には太鼓を持った男が一人いて、時々思い出したように太鼓を叩いていました。田植は村中の人が集まってやるということでありました。

早乙女の田植

二頭曳きのマンガの代掻き

田植歌は男と女が掛け合いでうたうと聞いたのですが、私には早乙女だけがうたっているとしか思えなかったので、聞き直しますと田んぼに入った早乙女が男役と女役に分かれて掛け合いでうたっているのだということでありました。

つぎにあげるのは、その早乙女たちがうたっていた田植歌の一部分です。同行した土地改良事務所の青年職員に通訳してもらって聞いたのでありますが、聞き取りにくい方言で、通訳の通訳をつとめた妻が音をあげてしまい、これだけ聞くのがやっとでありました。

女　♪　ここはラリ村、むかいはタリよ、〔タリは対岸の村〕
　　　　中をへだてるカルナリの川、

男　♪　種子《たね》がないのか、
　　　　牡牛《うし》がいなくて、耕せないか、
　　　　種子を蒔く時期、なぜ蒔かぬ。

男　♪　お前は女、家にいろ、
　　　　田んぼ、畑の手入れが仕事、

早乙女の田植

太鼓を叩く男

子供のしつけをちゃんとしろ、
馬の面倒をよく見てくれよ、
私は友にあいにゆく、
戦《いくさ》にだって行かねばならぬ、
私は男、男は外に出てゆく運命《さだめ》。

女　♪　うちの人、外に、遠くに行かずにおくれ、
わたしは女、あなたなしでは何にもできぬ、
此方《こなた》の田んぼも、彼方《かなた》の畑も、
みんなあなたのものじゃのに。

どれだけ正確に翻案出来ているのか保証の限りではありませんが、これらの歌詞はネパール語の詩としてかなりきちんと韻を踏んだものになっているのだそうです。

こういう男女の掛け合い歌はほかにもたくさんあって、時によってはカルナリの流れを中にはさんでラリ村とタリ村の青年男女が歌合戦をやることもあるということでした。

若い男女による歌の掛け合いは、ネパールでは全体に行われていることのようであります。日本の嬥歌も全国各地にあって、祭に集う若い男女の情熱をかき立てるものであったに違いありません。

淡交社から一九七八年に出版した『小絵馬―いのりとかたち』からはじまった私たちの共著もこれで五冊になりました。それは『小絵馬』、『藁の力』（淡交社、一九九六年）、『十二支の民俗誌』（八坂書房、二〇〇〇年）、『暦と行事の民俗誌』（八坂書房、二〇〇一年）と本書『祈りの民俗誌』であります。最初から目的を決めてのことではなく、折々に書いたものを集めたものですが、こうして並べてみると、あちこち道草ばかり喰って、目的地は朦朧とした状態になっていますが、私たちの旅がおぼろげながら見えてきます。それは、日本のカミというものを探す、その手がかりとなる依代を求めての放浪だったようでございます。

これに至るまでにはずいぶんたくさんの方々にお世話になっております。とても全部の名前を挙げることは出来ませんが、とりわけ、以下の方々にご面倒をおかけいたしました。淡交社の編集部におられた青柳整さん、旧武蔵野美術短期大学通信教育部で「連絡ニュース」を担当なさっておられた三須恵子さん、武蔵野美術大学民俗資料室の工藤員功さん、沖田憲さん、工藤さんには写真を担当していただき、共著者として名を連ねてもいただきました。若尾和正さんは『小絵馬』で写真を担当して下さり共著者であります。お世話になりました。ご協力いただきながら名をあげることを略させていただいたたおおくの方々にも、この場を借りて心から感謝の意を表させていただきます。ありがとうございました。

最後になりましたが、八坂書房のみなさんと本書を担当していただいた八坂立人さんにお礼を申しあげます。

（田村善次郎）

『祈りの民俗誌』収録論考　初出一覧

神社―祈りの装置　『なごみ』一〇九号、淡交社、昭和六十四年一月、田村善次郎著

描かれた祈り　くらしの造形一三『描かれた祈り』解説、武蔵野美術大学民俗資料室、平成十四年七・八月、カード形式で配布したもの、田村善次郎著

ここのへの春　『あるく みる きく』九五号、日本観光文化研究所、昭和五十年一月、佐藤健一郎著

祈願の諸相―生駒聖天様の絵馬にみる　『民衆の生活と文化』米山他編、未来社、昭和五十三年八月、田村善次郎著

庶民の祈り―京都奈良の小絵馬　日本民俗文化体系一四『技術と民俗』（下）、森浩一他編、小学館、昭和六十一年七月、田村善次郎著

馬―カミと通ずるもの　季刊『悠久』七三号、鶴岡八幡宮、（株）おうふう、平成十年四月、田村善次郎著

結びの民俗　『なごみ』一四五号、淡交社、平成四年一月、共著

細く、柔らかなるモノの力　くらしの造形五「わら・つる・くさ」、武蔵野美術大学民俗資料室、平成六年七・八月、民俗資料展図録、共著

扇　『なごみ』一二三号、淡交社、平成三年一月、共著

絵心経の話　淡交ムック『写経入門』、淡交社、平成四年八月、共著

香りと民俗　淡交ムック『香道入門』、淡交社、平成五年二月、共著

昔話の中の竹　くらしの造形三『たけ』、武蔵野美術大学民俗資料室、平成四年七・八月、民俗資料展図録、共著

ハナ—神を象徴するもの　季刊『民族学』四七号、千里文化財団、昭和六十二年四月、共著

歌垣　『あるくみるきく』四四号、日本観光文化研究所、昭和四十五年十月、佐藤健一郎著

著者

佐藤健一郎（さとう・けんいちろう）

1936年東京都生まれ
1962年東京都立大学卒業
武蔵野美術大学名誉教授
著書：『藁の力 —民具の心と形』（淡交社・田村と共著）、『小絵馬 —いのりとかたち』（淡交社・田村と共著）、『十二支の民俗誌』、『暦と行事の民俗誌』（八坂書房・田村と共著）ほか

田村善次郎（たむら・ぜんじろう）

1934年福岡県生まれ
1957年東京農業大学卒業
武蔵野美術大学名誉教授
著書：『水の記憶 —フォト・エッセイ』（淡交社・共著）、『民衆の生活と文化』（未来社・共著）、『ネパール周遊紀行』（武蔵野美術大学出版局）ほか

祈りの民俗誌

2013年 7月25日　初版第1刷発行

著　者　佐藤健一郎
　　　　田村善次郎
発行者　八坂立人
印刷・製本　モリモト印刷(株)

発行所　(株)八坂書房
〒101-0064　東京都千代田区猿楽町1-4-11
TEL.03-3293-7975　FAX.03-3293-7977
URL.：http://www.yasakashobo.co.jp

ISBN 978-4-89694-158-6